華志文化

華志文化

華志文化

華志文化

一位職業女性修學《女誡》的心歷路程

女人的福是修來的

陳靜瑜◎口述
陳芙蓉◎編著

東漢班昭所著《女誡》的現代解讀

回歸女子的性德，激發自身的智慧
做個真正幸福、快樂、聰明的女人

古人云：「閨闈乃聖賢所出之地，母教為天下太平之源。」又云：「治天下，首正人倫；正人倫，首正夫婦；正夫婦，首重女德。」由此可見，一個民族的興衰，一個社會的和諧，女德至關重要。

目錄

壹：開篇—女德，是家人在成就你
*修好內心，做好女子／一五
貳：卑弱篇— 放下你的傲慢，謙卑從對父母開始
*向母親請教／二六
*話少，才能留住福／二九
*孩子是黃金，母親就是鑄金器／三四
*念頭一轉，境界就變／三六
*福生於勤儉／三九
*「無後」的真正涵義／四一
參：夫婦篇—經營好你的婚姻家庭

*佛陀教你如何做妻子／四五
*先生要懂得「教婦初來」／四九
*夫妻相處「勿不敬」／五四
*以寬大的心愛身邊的人／五五
*孩子的問題，都是父母的問題／五七

肆：敬順篇—家族和睦興旺的祕訣／六四

*敬順裏邊有大智慧／六七
*改過才能生起恭敬心／七〇
*學習敬順的三個盲點／七二
*學會從心底裏尊敬孩子／七五
*懂得適可而止／八〇
*知足的好處／八二

*不要把錢看得太重／八四
*不要得理不饒人／八五

伍：婦行篇──四德，是造家之福

*從學做飯開始／九二
*愛需要理智／九五
*婦德源於傳統家教／九七
*你有婦德，才能穩住這個家／一〇〇
*修好婦言的五點感觸／一〇二
*女孩子要不要富養／一〇五
*內心美的女人最美麗／一〇七
*女子該怎樣穿著打扮／一一〇
*做好家務是為自己積福報／一一四

陸：專心篇——常懷恭敬心

*婚姻是一門學問／一一九
*什麼是正確的專心正色／一二二
*邪淫之心不可有／一三六
*你莊重守禮，就不會招惹邪心／一三八
*不要隨隨便便就說離婚／一四〇

柒：曲從篇——婆婆也是媽

*沒有婆婆哪來你的先生／一四四
*婆媳矛盾在哪裏／一四八
*曲從公婆的三個方面／一五四
*婆婆對你不好，那是給你送福報的／一六四
*如何扭轉對婆婆的怨念／一六八

捌：叔妹篇——榮辱毀譽的基石

【叔妹第七】／一七一
＊討人厭，離不開一個驕字／一七三
＊見人有難，主動開口幫忙／一七六
＊做個心量大的女人／一八一
＊用功過格記錄每一天的功和過／一八五
＊找出惡習，對症下藥／一八八
＊「媳婦」兩個字的涵義／一九二
＊好媳婦是家裏的財神、喜神和貴神／一九三

附錄

《女誡》原文／一九八

壹：開篇

女德，是家人在成就你

【《女誡》原序】

鄙人愚暗，受性不敏，蒙先君之餘寵，賴母師之典訓。年十有四，執箕帚於曹氏，於今四十餘載矣。戰戰兢兢，常懼黜辱，以增父母之羞，以益中外之累。是以夙夜劬心，勤不告勞，而今而後，乃至免耳。吾性疏頑，教導無素，恒恐子穀負辱清朝。聖恩橫加，猥賜金紫，實非鄙人庶幾所望也。男能自謀矣，吾不復以為憂也。但傷諸女方當適人，而不漸訓誨，不聞婦禮，懼失容它門，取恥宗族。吾今疾在沉滯，性命無常，念汝曹如此，每用惆悵。間作《女誡》七章，願諸女各寫一通，庶有補益，裨助汝身。去矣，其勖勉之！

【譯白】

鄙人愚鈍，天性不夠聰敏，承蒙先父的德蔭庇護，仰賴母親的典訓教誨，十四歲的時候嫁到曹家，執箕帚掃穢塵操持家務，至今已有四十餘年了。我戰戰兢兢如履薄冰，時常害怕德行有損而招致被遣退（休妻）之辱，從而令父母添羞，令夫家與娘家添牽累。因此我從早到晚地日夜憂勤，勞心勞力，不敢有絲毫自誇，現在我老了而後輩們也長大了，從今以後憂勤之心才可以放下了。我生性粗疏頑鈍，對子女的教導沒有恒常心，常常害怕兒子曹穀有負重望、辜負辱沒清明盛治的當今朝廷。幸好曹穀沒有犯什麼過錯，且承蒙聖恩封官加爵賜予金紫之榮耀，這實在不是鄙人本來所敢期望的。家裏的男孩子能盡忠朝廷自善其身了，我可以不再為他擔憂了，但是卻憂愁一眾女孩子，正當出嫁的年齡，卻還沒有漸加教導訓誨，還不知道為人婦者應當遵循的禮儀，只怕嫁到夫家之後要丟盡顏面，給宗親同族帶來恥辱。我現在身患重疾久經不癒，性命無常，一想到你們這些女孩子這個樣子，每每都會因此傷感憂愁。閒暇時我寫了這篇《女誡》七章，希望你們一眾女孩子各自抄寫一遍，希望有所補救，對你們的德行有所補助。唉，我將要離去了，你們各自互相勉勵吧！

＊修好內心，做好女子

我作為女子已經有三十八年了，但實際上，這個女德啊，之前並沒有怎麼接觸過，也沒有系統地學習過，有次去香港，承蒙鐘茂森博士關愛，希望我能夠發心為大眾講解女德，才開始回家學習，所以非常慚愧。

我自己原先受社會的影響，有一個很堅固的概念，就是做女人一定要獨立，要成為一個職業女性，自己要能賺錢養活自己，經濟上要能自主。所以大學畢業之後，我本來有機會免費保送我們學校（中國人民大學）的研究生，但是當時就跟班主任說，這個學無論如何我不能再上了，必須得趕緊出去賺錢，把這個名額讓給別人吧。所以我二十一歲大學畢業就進入社會工作了，一開始是做公務員，一年後覺得錢賺得太少了，就辭職下海到證券公司做交易員，因為證券公司賺的錢多。可以說，直到學習女德之前，女人要多賺點錢，這個觀念一直影響著我。我記得去年有一次員工開會，我還跟女員工說，你們都得自立，成為女強人，要做職業女性，關鍵時刻自己口袋得有錢，能自己做主。受我影響，我們單位的女員工也都覺得應該這樣。

記得十年前我第一次跟旅遊團來香港時，碰見一個導遊，他說了一句話，對我影響特別深。他說：「在這個世間，凡是能用錢搞定的事都不叫事。」後來我經常想到這句話。在沒有學習傳統文化和《弟子規》之前，我還問過我兒子：「兒子，你看看這個世界，哪些東西是用錢買不到的？」兒子當時就脫口而出：「爸爸媽媽用錢買不到，幸福也是用錢買不到的。」連我八歲的兒子都知道幸福是無價的。但如何能夠擁有特別幸福美滿的人生，我當時並不知道，很茫然，無從入手，直到碰見《弟子規》，與傳統文化相遇，才一點點開始有了方向。

我在家學女德，是從東漢班昭的《女誡》開始學起的。我從香港回去後，就跟我先生說了，我準備學女德講女德，現在我要回歸家庭相夫教子。我先生聽了後特別高興，因為他也是做企業的，事業做得很大，平時很忙，要是趕上我陪我的一些重要的合作商在外面應酬吃飯，他就會很不高興。因為家裏兩個孩子都還小，一個八歲，一個三歲，公公婆婆年紀也比較大了，所以他就會不放心。以前我很執著，我說我不能回家相夫教子，我必須得自己出去賺錢，我先生他說什麼我也不聽。所以，這次我跟他說我決定回歸家庭，他就很高興，說：「我很支持你。」我說：「那我還有一個公司怎麼辦？」他說：「你可以放下交給我，反正我是董事長。」我說：「那好。」

原先我家裏有兩個保姆，一個做家務，一個照顧小孩。在我來香港之前，做家務的那個保姆因為家裏有事辭職了，我原先打算從香港回去之後再找個保姆。結果我一想，既然我都決定徹底地回歸家庭了，那保姆是不能再找了，留一個幫著照顧照顧孩子還可以。結果回去待了不到三天，幫我照顧小孩的那個保姆，也說她家裏有事，也要辭職。我當時就想：這個人一旦要說發心做點什麼、立志做點什麼，考驗真是特別多。說實話，當時我猶豫了十來天是再找保姆還是不再找保姆，後來我想索性自己在家照顧吧，反正老大上小學，老二上幼兒園，我白天在家裏就是收拾家務，然後做三頓飯。萬事開頭難，我結婚十六年，一直都有保姆，所以一開始我自己做家務的時候，沒幹幾天，手上全都起皮了，很粗糙，我當時就有點堅持不下去了。我就想，我家裏也不是沒有條件，旁邊也有人勸我找個鐘點工，我就開始動搖了。

這時候，我們一起學習傳統文化的一個老師就給我講了一個故事。她說她認識一個歌舞家，為了保護她那個手，從來不做家務，結果身體就特別不好。後來歌舞家學佛了，明白要惜福、要感恩，她就開始做家務。一開始做的時候她那個手就跟我似的，起了很多繭子和皮。當時也是一個老師就跟她說：「你做一段時間就好了，堅持！這是佛菩薩給你的考驗。」果不其然，做了一段時間後，她那個手就好了。所以這個老師也勸我：「你也要堅持，做過這一段就好了。」真的，現在我家務還是一直在做，我的手卻好了，很平滑。所以，我特別感恩身邊一直有這些善友在提醒我。

我自己做家務後，有一個很大的感觸。以前我心裏對保姆總生不出一份感恩的心，覺得你工作我給錢很正常。但是，就是從我開始自己收拾家務，我開始特別感恩我們家原先那保姆，我家面積很大，收拾一遍可真是不容易。

而且不雇保姆，對孩子也有好處。我那個老二（兒子）的幼兒園的園長曾經跟我說了一句話，她說：「靜瑜，我跟你講一個故事。如果你有特別好的布料，想裁成一件好衣服，但是你把這個布料交給一個完全不懂裁縫的人，你想想他剪裁完之後的衣服你會不會滿意？」我當時不是很懂，我說：「園長您什麼意思？」園長就說：「你的兒子非常聰明可愛，你為什麼要讓保姆帶？你知不知道你這個老二學東西特別快，他學髒話學得也很快，學好話學得也很快。」因為保姆都是農村的，她也沒有太多的文化。後來，保姆走了一段時間後，我真的體會到了，一個壞的習慣孩子很容易就養成了，但是你想再給他改過來形成好的習慣特別難。我那二寶就養成了說髒話的習慣，一開始我跟孩子生氣，也罵保姆。後來我爸就跟我說：「你就別埋怨了，最關鍵的還是你自己。你要是早像現在這樣回家自己帶孩子，哪還會有這樣的事。」後來，我也就不再抱怨了。

我真正決心回家自己做家務之後，我的父母當時正好從美國旅遊回來，看到我很辛苦，就決定從外地搬到大連來跟我一起住，好幫我照料生活。我爸爸當時說了一句話特別讓我感動，他說：「你學這個女德，不是為你自己學，是為大家學。我和你媽還比較年輕，才六十多歲，身體又很好，我們願意過去幫助你。」我當時很感動，我說好。但這裏有一個很關鍵的問題，因為我從小不是跟父母生活在一起的，我跟爺爺奶奶生活在一起，跟父母之間一直有點隔閡。我一直覺得他們也沒有養育過我，我媽媽學歷又不是很高，我自恃見識廣、學曆高、賺錢又多，所以心底就比較輕視他們。當我爸媽真正過來開始跟我一起住一起生活的時候，我才發現這個孝敬和孝順有多難！

比如有一次，我正在樓上學女德，我媽媽在二樓抱著我二兒子準備下樓去吃飯，我大兒子就跟在後面逗他弟弟。我媽媽因為怕走那個大理石的樓梯滑倒了，就著急地大聲對我大兒子說：「你別鬧了，你把姥姥給推倒了。」我當時在四樓聽到這麼一句話，就特別大聲地喊我大兒子：「大寶，你給我上來，到四樓來，罰站！」很聲色俱厲的。其實有一部分火是沖著我媽去的，我當時覺得你那麼大聲幹什麼，我這兒正學得挺認真的。

因為我大兒子也在學《弟子規》（《弟子規》第一句就是「父母呼，應勿緩」），我一喊，他就嚇一跳，馬上就從一樓一溜小跑地跑到四樓，說：「媽媽，我來了，媽媽，我來了，什麼事啊？對不起。」我說：「站著！我還要學習，你站在後面反省反省。」我爸跟著上來，就說：「孩子也沒什麼事，你讓他罰站幹嘛？你這火是從哪來的？」我跟我爸也沒客氣，回他說：「不用你管。」我爸就說：「《弟子規》上有講『見未真，勿輕言』，你看見怎麼回事了嗎，就大呼小叫地說兒子？」我就說：「誰讓我媽那麼大聲的。」因為我媽脾氣特別柔弱，聽我這麼說之後，她就進屋自己偷偷地哭了。我爸就勸我說：「你去跟媽媽說一聲。」當時我就轉不過來這個勁兒，也不吱聲。後來我在一樓站了一會兒，忽然就想到我這學的是什麼呀，就學了一大堆道理，講得頭頭是道，有什麼用啊，自己也沒做到，連父母我都不能敬和順，對先生就更不用提了。慚愧心一上來，我就端了一盆水，因為當時正好是晚上了，我就進屋想給自己找個台階下。我說：「媽，您別哭了，我給您洗腳。」我媽說：「我洗過了。」我就端著那盆洗腳水尷尬地站了好久，我媽也不出聲，我大兒子當時也在。後來我媽就說：「其實，靜瑜，不是說你這麼大聲，我才傷心哭的，而是在這之前你還說過一些話，我今天忍不住就哭了。」我說：「我說什麼了啊？」我媽說：「你以前說，就這次我來大連你還說：『你什麼時候想走就走，這個世界上我不欠誰的債，也不欠父母的，因為父母也沒有養過我。』」我當時一聽，把那個水盆放下，噗通一下就跪地上了（我從來沒有在地上跪過父母），我一邊磕頭一邊跟我媽說：「媽，真的是我錯了，以前我太狂傲自大了，您不欠我什麼，但是我還欠您一條命。」我的生命是母親給的，如果對父母都生不起感恩的心，怎麼可能對公婆、對丈夫、對老師、對身邊的人懷有感恩的心？我就一直在那兒給我媽磕頭認錯，我說：「媽，真的是我錯了，我對不起您！我讀了多少遍《佛說父母恩重難報經》了，都白讀了。」我當時真的覺得自己做得特別差，一直懺悔，哭了很久。我說：「媽，如果我再說這樣的話，我就不是人。」我媽就說：「都是我不好，其實你挺好的，你已經很不容易了，在現代的這些孩子當中你已經很好了。」父母對子女的心永遠都是那麼寬容。然後我媽又說：「當年為什麼讓你離開我們？因為那時候條件太艱苦了，住的那個小屋，冬天臉盆裏的水早晨起來就是一塊冰坨，我們不忍心你一個女孩子那麼受苦，就讓你的爺爺奶奶把你帶回東北了。其實我們很想念你的，但是沒有辦法。」因為我父母是做工程的，年輕的時候做水電工程，當時是在四川生下的我。我就出生在汶川大地震旁邊的地方——映秀鎮，二〇〇六年我曾經回去過，真的，那個時候回去條件都還不是很好。

自從我父母來了之後，給了我很多的教誨。比如，有一天，我一大早地就跟我先生講傳統文化，說他這塊兒做得不行那塊兒做得不怎麼好。我先生很謙虛，說：「對，我應該多跟你學習。」講完了之後我就下樓去了，還得意地跟我媽說：「您看，給他教育了一下傳統文化。」我媽當時看我心情還不錯，就小心翼翼地跟我說：「你不要再說他了，其實你做的遠遠不如他。就一點，十六年了，我沒見他說過一句髒話、一句惹人煩惱的話、一句挑撥離間的話，永遠都是在包容你。你不向人學習，還在那兒指手畫腳的。」當時我就沒出聲，在那兒低頭吃早飯。

還有一次，我跟我父親發生了爭執。其實那天早上他就說了一句話，他說：「靜瑜啊，我看你現在在外面跟外人相處還可以，差不多像那麼回事似的，可是你回到家裏，做的遠遠不夠啊。」我聽了，就特別地不高興。我這人一向的特點就是不能讓人說和批評，你說好的還行，或者你特別委婉地勸我，我能接受，直接說從來都不接受，一聽就會不高興。當時我也沒出聲就上樓去了，特別生氣，就跟我先生說了一頓。我先生當時也沒敢說我，然後就下去跟我爸說：「靜瑜的特點是不能說她。」後來我爸就找到我，說：「靜瑜，我沒有說你，我這是為你好。你不是要學女德嗎，你學了就得做到啊。」所以說，我在家裏學習女德的過程，其實是我的父母我的先生我的家人一點一滴地在成就我的過程。

貳：卑弱篇

放下你的傲慢，謙卑從對父母開始

【卑弱第一】

古者生女三日，臥之床下，弄之瓦磚，而齋告焉。臥之床下，明其卑弱，主下人也。弄之瓦磚，明其習勞，主執勤也。齋告先君，明當主繼祭祀也。三者蓋女人之常道，禮法之典教矣。謙讓恭敬，先人後己，有善莫名，有惡莫辭，忍辱含垢，常若畏懼，是謂卑弱下人也。晚寢早作，勿憚夙夜，執務私事，不辭劇易，所作必成，手跡整理，是謂執勤也。正色端操，以事夫主，清靜自守，無好戲笑，潔齊酒食，以供祖宗，是謂繼祭祀也。三者苟備，而患名稱之不聞，黜辱之在身，未之見也。三者苟失之，何名稱之可聞，黜辱之可免哉！

【譯白】

古人生下女兒三天後，就會把她放到床下，給她一塊織布用的瓦磚紡錘讓她玩耍，並將生女之事齋告祖先。讓她睡在床下，表明女子應當卑弱、甘於執守謙讓之道。讓她擺弄紡錘，表明女子應當學習勞作、甘於執守勤儉之道。齋告祖先，表明女子應當繼承擔當祭祀祖先的重任。這三點，是做女人的常道與立身之本，亦是古來禮法的經典教誨。謙讓恭敬，不怠慢於任何人；先人後己，任何事都先替他人考慮；做了善事不自誇自詡，做了惡事不推脱責任；忍辱含垢，於任何人不敢有所爭辯；常若畏懼，小心謹慎，戰戰兢兢，於任何事不敢放任自由。能這樣踐行不怠，卑弱謙讓的道義就盡到了。晚睡早起，不因日夜勞作而有所畏難；親手操持家務，不論繁重或簡易之事，都要耐心打理得有始有終的，細心打理得井井有條乾乾淨淨的。能這樣踐行不怠，執勤的道義就盡到了。外表端莊，品行端正，以侍奉夫君；幽嫻貞靜，清淨自重，不好嬉笑，不亂說戲鬧玩笑的話；備辦好潔淨的酒食，以供奉祖先。能這樣踐行不怠，繼祭祀的道義就盡到了。一個女子若能完全做到上述三點，還擔憂自身美名不能遠揚、會有被先生遣退拋棄的屈辱嗎？這是從來沒有見過的。如果這三點都沒有做到，有什麼美名可以遠揚而值得別人稱讚呢，又怎能避免得了被遣退拋棄的恥辱呢！

*向母親請教

《女誡》第一篇，叫「卑弱」，剛開始接觸到《女誡》的時候，我對這個詞特別反感。因為我還沒有看詳細的內容，只是一聽那個感覺就是卑卑弱弱，特別的低聲下氣，跟我原先的觀念，職業女性應該有氣質、談吐非凡、獨立自主，完全不一樣。可是，等我真正開始學習《女誡》了，班昭她是怎麼解釋卑弱的呢？六句話——「謙讓恭敬，先人後己，有善莫名，有惡莫辭，含辱忍垢，常若畏懼」，是謂卑弱也。對照這六句話，我一個也沒做到。我上次來香港和大家懺悔的是自己的嫉妒、貪婪，回去後我和我先生說了。我先生就說：「結婚的時候，我就知道你有這個毛病。其實你最重的是那個傲慢，總是自以為是，所以你一點聽不進去別人的意見，別人剛一提你就立刻很生氣。其實你自以為是的那些東西什麼也不是，你還把那些東西當成真的。」聽了這句話，我自己就在家想了很久。

我想到我母親特別謙卑，而我卻從來沒有跟她請教過任何問題。我母親去年給我寫了好多封信，她的文化程度不高，也從來沒有給人寫過信，但是卻特別恭恭敬敬地給我寫了好多封信。我記得有一封信，她說：「靜瑜，你是我的女兒，但是我要拜你為師。因為傳統文化你學得很好，我不懂，你多指導我。」因為去年我讓母親開始看蔡禮旭老師《幸福人生》的光碟，我媽非常歡喜，而且比我聽話，在家反覆看了四十多遍。我跟她說，給祖先磕頭禮拜很好，我媽就去把我已經過世的姥姥、姥爺的照片放大了，每天早上都給他們磕三百個頭。有一次她還給我打電話懺悔說：「你姥姥年輕的時候，我也對你姥姥不好，現在人不在了，我非常懊悔。」

有一天下午，我泡了茶，也不上樓去裝模作樣地學什麼《女誡》了，光死學沒有用，關鍵是要做到，我就跟我媽說：「媽，您喝點茶，我要請教您一個問題。」因為上次在香港我報告完後，跟胡小林老師溝通，胡老師說了一句話，他說：「靜瑜啊，不要以為你自己能有多大的福報，一定是你家的祖上積德了，你才會在今天能遇到這麼多的善知識來提攜你，不信你回去問問。」當時胡老師說這句話時我也沒太在意，但是那天，我就問我母親了，我說：「媽，咱們家以前老人怎麼樣？」我媽說：「哎呀，這傳統都丟了，到我這兒丟了一半，到你這兒就快丟沒了。」我問哪方面丟了，她說：「就是勤儉兩個字。靜瑜你知道嗎？我的奶奶，活到九十二歲，一輩子出門只有一件外套，出門的時候把這個上衣大褂套上，有一雙出門穿的鞋，自己織的一個小花帽一戴，就這樣出門穿了一輩子。」我當時就問：「媽，你先等一會兒，是不是你奶奶家很窮啊？怎麼可能只有一件外套，是真的嗎？」我媽說：「真的。我的奶奶家是個大戶人家，一點都不窮，家裏最多的時候雇人工作要上百人。奶奶都是帶著媳婦親自下廚房給雇來的短工們做飯，特別恭敬，從來沒有慢待過下人。」我就問我媽：「那還有什麼事？」我媽說：「以前用水，哪有像你們現在這樣一天一個澡的？在老一輩人的傳統裏，認為如果你浪費水，死了以後你要把你浪費的水都要喝一遍的。」後來，又隔了幾天，我又向母親溝通請教老一輩的德行。母親說：「哎呀，我的老一輩婦功是很好的，繡花、工作、做家務，自己做大醬都會，到我這兒還留一點，到你這兒一點都沒有了。」的確，我就是做飯還湊合，剩下的什麼織啊、鉤啊、繡啊，一概都不會。我說：「媽，那怎麼辦？你看有時間你整理寫下來吧，我這兒也沒有女兒，將來是媳婦，有機會呢往下傳一傳。」

經過向母親請教，我有很大的一個體會，就是這個「孝」字，它真的是從老一代傳到子一代的，無論是優秀的傳統、作風、家風，還是對父母的愛心，能夠代代相傳，那個才叫孝道。後來，我就跟我的員工分享，我說：「你們有沒有跟自己的父母聊過祖先的事情，聊過你們的曾祖父、曾祖母、高祖父、高祖母都有哪些好的家風？」結果，員工們都搖頭，都說從沒有過。我說：「那你們有機會聊一聊，一定會特別受益的。」

＊話少，才能留住福

在學習《卑弱》這一篇時，我對「忍辱含垢，常若畏懼」這八個字的印象特別深刻。為什麼呢？因為我自己就是不能忍，別說是心上，就是嘴上也忍不住，有了委屈一定要說出來，什麼事最好都順著我，稍微不順我的意就一定得跟別人爭辯、講道理。我特別感恩香港佛陀教育協會，每次來做演講報告，其實真正受教育的是我自己。上次來我帶回去一個小冊子，裏面講的是止語的好處，列了有十一條，而我就是話太多了，比如說看這件事不如我的意、那件事不對了，我一定要說出來。在家也是一樣，我爸要是樓上樓下地不關燈，我就會說：「爸，你沒關燈，不惜福。」自從有了那本止語的小冊子後，我就每天念一遍止語的好處，我就不說我爸了，我爸在前面走，我在後面就把燈關上。

有一段時間我在家裏修學，痛下決心要修止語。我就把《弟子規》打開，開始研究李毓秀老夫子在《弟子規》中有多少條是關於講口過的，一看嚇一跳，「信篇、謹篇、泛愛眾」裏面很多條都在講口過、如何能從口上防過失。那我就思考了，為什麼要從口上防過失？為什麼黃老居士修止語就能往生西方極樂世界？因為這個口是禍福之門，把這個門關上了，禍就招不進來了，就把那個福都留下了，所以《弟子規》裏講：「話說多，不如少。」這一研究，我就開始在家裏盡量地少說話了。比如我爸媽說要這麼做，出去要開這台車，要怎麼怎麼樣，我的話都到嘴邊了就又忍回去了，我就不再發表自己的意見了。或者我媽說今天晚上做這個飯，本來我想說，都吃了好幾天這個飯了能不能換其他的飯做一下，但是話到嘴邊我又忍回去了，她喜歡做什麼就做什麼吧。

話少，真的很好，可以防口過積口德，把福留住，還能夠成就我們忍辱的功夫。忍辱特別不容易，有時候你覺得你的境界好像提升一步了，但是馬上更大的考驗就會來臨，可以說，一切都是考驗，看你怎麼辦，當面若不識，還得從頭考過。前一段時間，我被邀請去講課，我就滿心歡喜，又可以為大眾宣講女德了，上千人聽課呢。我就在家精心準備了PPT，又練講了好幾次，把那些最適合大眾聽的、能夠引起大家對女德關注的話題都提出來了。結果，等我下了飛機後，當天晚上，協助主辦方的相關人員就跟我說：「不好意思，陳老師，這次大會時間安排不過來，您不能講了。」如果照我以前的習氣，我肯定會很煩惱，會跟他講理：不能講為什麼不早點告訴我，沒有這麼整人的！大老遠那麼熱跑來，我家裏又是孩子又是老人的。但是那天我卻很歡喜，我說：「這不是考卷嘛。您放心，我一定沒有任何的怨恨心，在台下聽好比在台上講明白更好。」所以，那次我就沒上台講，歡歡喜喜地坐在台下聽課。

後來，主辦方的一個老師就說：「陳老師，你這兩個月修學有進步，雖然你沒有上台講，但是我們看出來了。」我當時心裏還有一點歡喜，但是馬上想到要「常若畏懼」，不可以有我慢心，所以我馬上就跟主辦方的老師說：「其實我知道自己真的差得還很遠呢。」因為我父親跟我說過，他說我在外邊做得還可以，在家還不行，那家是什麼？家是根，我那個根不穩，就算我在外邊再漂亮，但是就跟花瓶裏的花似的，沒根！

因為我知道我自己的煩惱習氣很重，所以我自己也很想改，也想了很多方法，堅定地去落實。

為了去除自己的傲慢習氣，真正地做到謙讓恭敬（我們傳統文化講座的老師說是義工，其實出去之後很受人推崇，很容易抬高自己，傲慢的心也越來越重），在修學女德的過程中，我生平第一次下決心帶著我兒子出去做義工，禮拜天到寺院去，去幹什麼呢？刷廁所。第一次進去刷廁所的時候，我當時真的感慨萬千，說實話，那個氣味非常大。當時我以為是只有一個廁所，去了之後才知道那個寺院很大，有兩個公共廁所。我刷女廁，我大兒子刷男廁。每個廁所八個廁位，我大兒子在男廁裏除了要洗八個廁位還有小便池。我進女廁後，剛刷了一下，就有人進來了，跟我說：「你別弄得哪兒都是水，到那邊去，我要上廁所。」我當時就有點聽著不高興，心想我本來在家過得優哉遊哉的我這是幹嘛來了，但是又想我已經來了，於是就沒出聲，就給她讓出來了。過了一會兒，又進來一個人，看著我，問我：「你是這兒工作的？」我說：「我不是的。」然後，我就在那兒一直猶豫要不要繼續幹下去，後來想，為了堅定地改過，還是刷吧，就從這兒開始練吧，人家願意說什麼就說什麼。於是就一個廁位一個廁位地繼續刷下去了。後來等我靜下心來拿刷子開始刷廁位的時候，就感覺真的像在刷自己心靈上沉積已久的汙垢，好難刷啊。越刷到後來，我越發覺得，人的煩惱習氣真的是很難除掉，如果沒有這種堅定的決心，像《了凡四訓》上說的那種勇猛心，還有那種畏懼心與羞恥心，是很難回頭改過的。中間我兒子累得不行了，就說：「媽媽，咱們可不可以也去撿垃圾，都是做義工嘛。」我說不可以，我兒子問為什麼，我說：「因為媽媽很傲慢，你一定要陪媽媽用這個方法來對治我的傲慢。」

我母親有天說了一句話：「你以前做什麼事，哪還徵求我們的意見，小到給孩子穿件衣服，大到結婚，想幹嘛幹嘛，都是自己做主，但你現在真的有變化了。」現在，每天早上給孩子穿衣服時我都會問問我媽，給老大老二穿什麼衣服比較合適，所以我媽媽就很高興。

以前上大學的時候，我很喜歡哲學，一直想弄清楚人為什麼會來到這個世間、人的肉體是不是真實存在的、人到底有沒有靈魂、「我」到底是什麼、本體和物質世界和精神世界的關係到底是什麼？為此，尼采、蘇格拉底，古希臘的哲學書，我幾乎讀遍了，也選修了好多門哲學課，但是最終都不得其果。後來我開始接觸佛學，開始是當作一門學科來研究的，同時也抱著一種消遣的心理，後來學著學著我就害怕了。因為我明白了，人是有靈魂（神識）的，人死了之後不會一了百了，會帶著這世的善業與惡業再去輪迴，「萬般帶不去，唯有業隨身」。我想到我自己，善業沒有，惡業卻一大堆，我害怕了。

✽孩子是黃金，母親就是鑄金器

我現在有時候，也會犯錯造惡業，但是能知錯必改了。那天我爸也說了一句話：「你現在也在犯錯，好在你比原先多了個優點，你知道自己錯了後能馬上回頭了。」以前我經常是做錯了，還不知道錯了，還總自以為很對。比如說教孩子，我一直覺得孩子是孩子，我是家長，我要批評他，我要說他，我要言教他。在家修學女德的這兩個月，我有一個特別深的體會，其實孩子不是這麼言教出來的，而是身教出來的，母親跟孩子就像身子跟影子一樣，母親的身正，太陽投射下來的影子它就正，母親的身要是斜的，那太陽投射下來的影子它也是斜的。所以印光祖師講到女子德行教育的時候，說過一句特別經典的話，他說母與子就像熔金鑄器，把這個黃金熔化了，放到一個器皿裏，這個器皿是什麼樣，出來的這個黃金就是什麼樣。比如這個器皿是條狀的，它出來一定是金條，器皿如果是金元寶形狀的，它出來一定是個金元寶，這個器皿就是母親，孩子就是那個黃金。

為什麼說我特別有體會呢？因為我那次給我媽磕頭道歉之後第三天，我家那個二寶晚上他主動拿了一個小毛巾就站在我爸身邊，我爸正在那兒洗腳。二寶說：「姥爺，你什麼時候洗完了，我要給你擦腳。」我爸洗完了，他就真的特別認真地給我爸一個大腳、一個大腳地擦，擦乾淨了之後，還把拖鞋給我爸套上。因為他只有兩歲半還不到三歲，所以跟他哥哥說：「你把水倒了吧，我端不動。」他哥哥就把水倒了，然後我爸就很開心，那個歡喜簡直無與倫比。第二天見到我先生就一直誇我二兒子。我那個大兒子在一邊就顯得很落寞，一直也沒出聲，我就明白他那個心思了，偷偷地把他叫到一邊跟他說：「兒子，我告訴你一個祕密，其實你姥姥她也沒有人第一次幫她洗過腳。你弟弟不是第一個給姥爺洗腳的嗎，那你今天晚上可以第一個給姥姥洗腳，你還可以主動給姥姥端水、洗腳，再擦腳，比弟弟做的事還多。這事你可別跟姥姥說是我告訴你的，你就跟姥姥說是你想到的。」我大兒子說：「好！」結果到了晚上，他就總問：「姥姥，你幾點睡覺、幾點要洗腳？」我媽說你幹嘛啊，他說我就問問。後來我媽終於說：「我要洗腳了，你有什麼事？」我大兒子就說：「姥姥，你坐著別動，我去拿洗腳盆。」然後他的確就按照我說的去做了，我媽就很開心很歡喜，說：「哎呀，你比你弟弟還好，這還端水、洗腳，還擦腳。」這件事讓我自己想了很久。我以前做母親，總是責怪孩子不好，那麼難管教、不孝順，卻從來沒有反省過我自己。因為看到孩子身上的缺點，就像看到我自己身上那個缺點一樣，只是自己不好意思去承認、去面對。

我這次臨來香港之前，大兒子給我寫了一封信。他上小學一年級，正好這兩天期末考試，他知道我有點擔心，就寫了一個方方正正的便簽給我，說：「親愛的媽媽，你去香港好好聽課吧。我會在家把考試考好的，您放心。」我很感動。說實話，我們能夠感恩父母，但不大會去感恩自己的孩子。

✻念頭一轉，境界就變

以前我覺得兩個孩子是我的累贅，如果沒有他們，我會生活得更好，會無憂無慮、自由自在。現在我明白了，為什麼我會有兩個孩子，因為孩子也是老師，這輩子我缺的功課太多了，老天就把兩個老師派到我身邊來成就我了。上次講課，我還提到要忍，對一切人都要忍，我自己回去後對父母也能漸漸做到了，我自以為做得很好了，結果考驗來了：我那個老二連著幾天晚上莫名其妙地總是哭，第一天我還能忍住，第二天我就很煩了，這哭什麼啊，也沒有病沒什麼的。我媽因為和我睡隔壁，她第二天醒了就和我說：「哎呀，二寶昨天晚上睡得不是很好。」我說：「對呀，媽您都聽見了。」我媽說：「最關鍵是聽你的表現，你第一天晚上還可以，第二天你就忍不住又發脾氣了，這怎麼行啊。」然後第三天晚上，我就跟我二兒子溝通，我說：「你可不可以不要哭，你這是來幹什麼啊？」我那二兒子很聰明，他很莫名其妙說了一句話，他說：「我是來成就你的。」我很震驚，也很害怕，我說：「那好吧。」那我就安然受之吧，結果當我這個念頭一轉後，他卻不哭了，就好了。

所以說，煩惱和智慧，就像我們這雙手的手背和手心，煩惱來的時候，只要把念頭這麼一轉過來，他是來成就我的，轉成這麼一個智慧的念頭，而不是「怎麼這麼煩，沒完沒了的」，考驗自然也就沒有了。

真的是念頭轉了，境界就會變。我原先碰到過這樣的情況，曾經有一位我們傳統文化團隊的老師，我就總覺得他身上有味道，因為我自以為好乾淨，所以每次都躲他躲得遠遠的。有一天我就想了，既然我跟他這麼有緣總能聚在一起，那他一定是來教我什麼課程的，所以我就努力地找他的優點，我嘗試著把他當作佛菩薩去找他的優點。當我一項又一項真的找出他的優點之後，哎呀，我真的很震驚，原來他身上的優點都是對治我身上的習氣和缺點的，其實那位老師德行很好。然後，有一天我忽然意識到，我怎麼就再聞不到他身上的味道了呢？真的，想聞都聞不到了。所以說，味兒從哪兒來的？是從自己心裏發出來的，不是外面來的。你覺得外面髒、外面的人都不是好人、你的孩子差、你公婆不好，其實都是你自己的心不好。如果你心裏沒有了不好的念頭，外面的境界絕對不是這樣子的。所以，我們不要總是抱怨外面不好，特別是我們做女人的，更不應該抱怨。

《女誡》第一篇講，女人要卑弱第一，要「謙讓恭敬，忍辱含垢」，說白了，就是要任勞任怨，不要抱怨，不要讓家裏成為一個怨氣薰天的地方。要包容，要像水的德行一樣，把它放到方的容器裏它就是方的，放到圓的容器裏它就是圓的，那這個家一定有福報。

＊福生於勤儉

另外，《卑弱》這一篇裏還講，女人要勤儉、勤快。「晚寢早作，勿憚夙夜，執務私事，不辭劇易，所作必成，手跡整理，是謂執勤也。」女人要是不勤儉不勤快，一定是敗家之相。我以前就是很奢侈浪費，剛嫁到婆家時，婆婆就教我要勤儉，但是我往往很反感，很不以為然。記得有一次，請朋友來我們家吃飯，我煮的米不夠了，就拿出剩的饅頭去蒸，看到有吃剩的半個饅頭，我覺得蒸完不好看，很丟人，順手就把那半個剩饅頭扔到了垃圾桶裏。我婆婆看到後，馬上跑過來把饅頭又從垃圾桶裏撿了回來，還呵斥我說：「你怎麼可以糟蹋糧食！」我說：「媽，就這麼點，很丟人的。」我婆婆就說：「你浪費糧食才丟人呢！」我就很生氣，我說反正我不吃，我婆婆說那我吃。我真的是從學習傳統文化之後才改變的，現在我公公撕掉的饅頭皮我都會撿起來吃，以前會嫌髒，自以為很乾淨，其實靈魂是很骯髒的。

我也是在學習《女誡》的過程中一點點地升起了對我婆婆的感恩之心，以前真的都沒有，心底還有點瞧不起，覺得一個老太太，什麼都不懂。人真的要謙虛，要學會低下頭，否則什麼都學不到。以前我很講究穿衣服，很多衣服買了之後連標籤都沒撕就放在那裏，每天都要換新衣服，而我婆婆一輩子都沒有逛過商場，每次我跟她出去的時候就覺得她很寒酸。有一次我就說：「媽，你可不可以換一件好一點的衣服，你這樣會笑死人的。」我婆婆說：「他死又不是我死，我覺得我自己穿的很好，別人怎麼想是他的事，我覺得勤儉很好。」我婆婆真的很勤儉，她的毛巾破得很厲害，用了好多年都沒有換過。我每次都說：「媽，你這個毛巾給我當抹布我都不會用。」我婆婆就說：「哎呀，那你那個抹布太高貴了。」所以說，我真的覺得優秀的老傳統都快被我們丟掉了，真的應該去找回來了，找回來我們才會有福報，才會真正對得起我們的祖先，才能真正成就一個家庭，成就一個社會、一個國家。

現在我在修學女德的過程中，因為我父母很節儉，我就把家裏的財政大權交給了我父親。第一個月我就給了我爸兩千塊錢，家裏兩個孩子、父母加我（我先生做生意，經常在外面吃飯），主要是這些吃喝用度，結果一個月下來，我父親很認真地拿本子記賬，各項開支才花了六千塊。我覺得已經很省了，但是我爸在那兒檢討，說這項開支應該砍掉，沒有必要，那項開支還可以再節儉一點，可以在小花園裏再種一片菜地，菜錢還可以再減少些。當時我就覺得，我們這一代跟老一代比真的是差太遠了，不懂得惜福，不懂得感恩。

＊「無後」的真正涵義

《卑弱篇》裏，還講到了女人要繼祭祀，我覺得繼祭祀除了指祭奉祖先，還指女人有繼承家道傳承後代這樣的一個重任。古曰「不孝有三，無後為大」，這裏的「後」是指真正能繼承家業和家道的有德之後。如果你生了一大堆孩子，教育不行，各個都沒有德行，也不懂得孝養父母和尊重師長，那就跟禽獸也無異了。

我在大連聽說過這樣一個故事。一個很有錢的企業家因為一直忙於事業，導致他的兒子缺少傳統文化的教導，一點不懂得惜福與感恩，喜歡亂花錢，是個敗家子。一百多萬的車剛買不久就不喜歡了，讓老爸給他買另一款一百多萬的車。老爸沒同意，他就開車特意往路邊去撞，連撞幾次，把那個車撞報廢了。他老爸沒辦法，只好又照他的心願給他買了想要的那款車。

我的大兒子原先也是這樣的不懂事，他總是會問我：「是爸爸開的公司賺錢多，還是媽媽開的公司賺錢多？媽媽，我跟你講，我就要爸爸那個賺錢多的公司，你那個賺錢少的公司留給弟弟。」我自己的那個公司是經營金條和金銀幣的，有一次我大兒子去我的金店玩，就說：「媽媽，這個最大的金條是我的，將來必須留給我。」我現在想想真的很後怕，如果孩子將來長大了，眼裏只認錢的話，那我永遠也無法滿足他，人的欲望是沒有止境的，他四五歲就這個樣子，那將來步入社會後會怎麼樣？所以，我真的很感恩，能有幸在我的孩子還很小的時候就能夠學習傳統文化，能夠及時回頭，告訴我的孩子什麼是真正的做人之道。

去年，我先生有一次開車帶著我大兒子出去玩，當時可能我先生也是想換一台新車，就把他想新換的車的圖冊廣告拿給我兒子看（因為我兒子以前是非常喜歡車的），但是我兒子看了一眼，沒有作聲，很淡然地就把那廣告放了回去。然後我先生就問：「你覺得這款車怎麼樣？」我兒子就回答：「爸爸，這個車是不是要很貴啊？」我先生說是很貴。我兒子說：「爸爸，我們家已經有很多車了，不需要買新車，可以把剩下的錢去幫助更多窮苦的人。」我先生當時很震驚，回來就跟我說了。我覺得很感恩，覺得兒子的點滴進步也都是在激勵和提醒我，告訴我這個母親應該怎麼做。

所以，有的時候，我就在想，一個女子真的沒有必要去抱怨身邊任何不快的事，不論是你的公婆不好，還是你的先生不好，還是你的孩子不好，其實都是你自己做得不夠好。你自己如果真的做好了，先生自然會很疼愛你，孩子自然會很孝順聽話，公婆也自然會很尊重你。

參．．夫婦篇

經營好你的婚姻家庭

【夫婦第二】

夫婦之道，參配陰陽，通達神明，信天地之弘義，人倫之大節也。是以《禮》貴男女之際，《詩》著《關雎》之義。由斯言之，不可不重也。夫不賢，則無以馭婦；婦不賢，則無以事夫。夫不馭婦，則威儀廢缺；婦不事夫，則義理墮闕。方斯二事，其用一也。察今之君子，徒知妻婦之不可不馭，威儀之不可不整，故訓其男，檢以書傳，殊不知夫主之不可不事，禮義之不可不存也。但教男而不教女，不亦蔽於彼此之數乎！《禮》，八歲始教之書，十五而至於學矣。獨不可以此為則哉！

【譯白】

夫婦之道，應當陰陽和合（剛柔相濟），這樣才能通達神明，要相信這是天地之間的大義，也是人倫關係的大道。所以《禮》特別注重男女之關係，《詩經》的首篇就列出了《關雎》一詩用以寓意夫婦應當有關雎鳥那樣一生忠於配偶的義氣。由此可以說明，夫婦之道很重要，千萬不可不重視。丈夫如果不賢明，就無法管束（節制）妻子；妻子如果不賢惠，就無法侍奉丈夫。丈夫如果不能管束（節制）妻子，威儀就會廢失；妻子如果不能侍奉丈夫，義禮就會毀缺。這兩樣事的作用是一樣的，缺一樣都不可以。看看現在的這些注重道德的男子，只知道妻婦不可以不管束（節制）、男子的威儀不可以不肅整，所以就不斷地訓導男子要讀古書經傳，以古書經傳來檢點他們的言行品德。但卻重男輕女，不以古書經傳去教育女子，女子自然也就不知道事夫之道及閨門之禮義了。殊不知丈夫不可以不侍奉，禮義不可不存啊。若只教育男子而不教育女子，不是太蒙蔽了彼此之間的這種禮數了嗎？《禮》書上說，男子自八歲起，就應當教他讀誦古書經傳，到十五歲就應當學成了。既然能這樣教育男子，為什麼不能以此為準則來教育女子呢！

✽佛陀教你如何做妻子

夫婦篇，是我學習《女誡》的第二篇。我結婚比較早，大學畢業第一年就結婚了，十六年的婚姻生活，感觸非常多，在沒有學習傳統文化之前也走了很多彎路，回顧自己的心路歷程，真是酸甜苦辣都有。最後總結出來，無論是美滿的婚姻，還是幸福的家庭生活，真的不是從外面求來的，而是從自己的心裏求來的。

學習傳統文化以來，我最大的感受是，中華傳統文化是愛的教育，五倫八德也是愛的教育。五倫八德裏講「夫婦有別」，意思就是講，女人是陰，男人是陽，女人是地，男人是天，所以女人要柔順，要恭敬男人。這些道理跟佛陀講的應該怎麼做女人，都是一脈相承的。

我個人非常喜歡讀人物傳記，去年我讀了一本傳記叫《釋迦牟尼佛傳》，裏面有一篇玉耶女的故事給我印象特別深刻，是講佛陀當年如何調教一個不孝順的媳婦的。當年有一個印度的大富長者叫須達，家裏非常有錢，他有七個孩子，最小的這個兒子娶的媳婦出生於名門貴族，家世非常好，容貌也很端莊俊美，叫玉耶。仗著娘家有錢有勢，自己長相又很好，玉耶女嫁到夫家之後就非常驕慢，不做家務，貪圖享受，而且對公婆很不孝順。須達長者就特別著急，有一次就懇請佛陀去他家裏教化一下他的小兒媳婦，佛陀很慈悲，就答應了他。翌日，須達長者在家裏設供齋食，佛陀帶領他的徒眾弟子如約光臨。須達長者家裏的所有人都出來恭敬地拜見佛陀，玉耶卻很傲慢地躲在屏風後面沒有出來。為了降伏玉耶的傲慢，佛陀隨即放大光明，照透了玉耶藏身的屏風令她無以躲藏，然後佛陀又示現種種相好莊嚴。玉耶見此，極受震撼，不由自主地生起了敬畏心，從屏風後面走了出來，恭敬地拜見佛陀。佛陀隨即告訴玉耶女人之法（即《佛說玉耶女經》），也就是一個女人應該怎麼樣去做女人、怎麼樣去做妻子，才能後世吉祥富貴而受人敬愛。

在家修學《女誡》這段時間，我又把玉耶女的故事讀了好幾遍。佛陀說，一個女人作為妻子，對丈夫要做到「五婦」，才能後世吉祥而受人敬愛。五婦就是五種婦人。第一母婦，要像一個母親愛護孩子一樣愛護自己的丈夫；第二臣婦，要像一個臣子一樣對自己的丈夫臣服而忠誠不二；第三妹婦，要像一個妹妹對哥哥一樣長幼有序；第四婢婦，要像一個奴婢對主人一樣非常恭敬而周到地照顧丈夫；第五夫婦，要夫婦相敬如賓，互相關愛。

有一天晚上，我就把佛陀講的這五婦跟我先生分享。我先生是很傳統的一個男性，他雖然沒有接觸過佛法，但是他說：「你別說，這個佛陀真是有智慧，他總結的還真有道理。你就按照這五點去做就行了，重點是把前四點做好。」我當時很詫異，我本來覺得他應該反駁兩句的，但是他沒有。我也就沒有說話，自己又思考了很久。

為此，我也跟我婆婆溝通過。我婆婆說：「佛陀說得真好，但是太難做到了。」我說：「媽，您看第一條母婦，多有智慧！很多男人在外面辛苦打拼，回到家裏，那個家就應該像避風港一樣，他委屈和脆弱的那一面都可以在家裏釋放。但是如果家裏的女人很剛強，一點都不柔順，大呼小叫的，那家就不像是家了，更不像避風港了。」

原來我自己做得也不好，因為我沒做到卑弱，既不謙卑，也不柔弱，心很強硬。在學習傳統文化之前，我幾乎是從來不流眼淚的，真的，我懷我大兒子時，害喜很厲害，都吐血了，我都沒有流過眼淚。我媽媽在旁邊都哭了，說：「你為什麼沒有眼淚啊？」我說：「沒什麼，吐就吐啊。」平時跟我先生爭執時，就算覺得委屈，也從來沒有哭過，都是很理智地去自我調節。真的是學了傳統文化之後，我的心才變軟了，看見感人的事或者令人傷心的事，也會流淚了。前一段時間，一個朋友跟我說：「靜瑜，你最近做什麼了？你的面相怎麼跟以前不一樣了？」因為我們大概有一年沒見了，恰好這一年是我學習傳統文化比較勇猛精進的一年。我當時就很奇怪，就問他：「我以前是什麼長相？」他說：「你以前是很職業女性、很剛強的那種長相，說一不二的，現在你有一點變溫柔了，像個女人了。」我說：「您太慈悲了，您這是在鼓勵我呢。我希望我自己能徹底回到女人的那個狀態。」女人，應該永遠有一顆母愛的心，像佛陀教化玉耶女的一樣，要從母婦開始做起，學會愛自己的孩子和自己的先生。

＊先生要懂得「教婦初來」

《夫婦篇》裏講，「夫不賢，則無以馭婦」。回想自己這十六年來的婚姻生活，我覺得很慶幸我遇到的是一位賢夫，可以說，我的先生是一個非常有智慧的人，因為從剛結婚的時候，他就開始教導我了。

古語有「教婦初來，教兒嬰孩」，就是教育這個媳婦一定是剛進門的時候就要當頭棒喝，我先生對我就是這樣的。我剛結婚的時候，第一件事是上繳我所有的私人財產。因為在結婚前我的工作很好，做證券的，也很會做，腦子很聰明，當時在交易廳裏算是比較有錢的，那我先生就毫不客氣地把我所有的錢都收繳了。剛結婚的時候收繳還比較容易，如果是現在估計就比較困難了，當時我就很認真地都交給他了。

然後，在領完結婚證的幾個月之後，我們就舉辦婚禮了，我先生也表現得很有智慧。我年輕很虛榮，喜歡浮誇和張揚，覺得自己家裏經濟條件也允許，那就應該舉辦一個很盛大豪華的婚禮。結果那天我準備好了之後，從我家裏一下樓，看到零零落落、拼拼湊湊的，連六台車都沒有，好在還有一台賓士車，從我們家就給載到他們家。在他家待了一會兒下樓，我說賓士車怎麼沒了，我先生說：「他還得趕下一場婚禮，你就坐這輛車去吧，這輛車便宜。」我想反正還有一輛車，總比走著去強，我說好吧，就同意了。到了辦婚宴的飯店，一看，飯店的規模很低，我剛有點不高興，我先生就說：「你應該滿足了，之前我爸訂的是學校食堂呢。」我說：「那就認了吧。」婚宴的菜也很普通，酒席吃完之後，我想坐著這輛車回家也不錯，結果出門一看，一輛車都沒有了。我就很驚訝，因為當時我還穿著婚紗，我說：「那我們倆怎麼辦？」我先生說：「不行我們就走回去吧。」我說：「好幾站呢。」然後，我的一個高中同學那天剛巧很幸運中了一個獎，抽到了一輛新自行車，他就把這車送到我倆跟前說：「你們看，新車，我還沒有騎過呢，你們倆騎回去吧。」我先生說：「你把婚紗捲一捲，坐在後面吧。」然後滿大街的人都在看我們，一個新郎騎著自行車載著一個穿婚紗的新娘，我就一直低著頭坐在後面，也不敢出聲。

回到家之後，我先生就說：「把那個頭花摘一摘，去廚房開始煮飯吧。」我說：「這也有點太快了吧，我很累，想休息。」我先生說：「你看婆婆在廚房忙，那麼多親戚朋友都來了，你不能在屋裏躺著。」我當時就覺得我這個婚結得很痛苦，不應該結婚。好幾天之後，我才斗膽地說了一句，我說：「我們倆的日子要這麼過就完了，從賓士直接到自行車了。」然後，我先生就說：「坐什麼車不重要，關鍵是那個車是不是你的。」我一想，也對，那個賓士車也不是自己的，是借來的。所以，後來每每看到婚禮上很多好車的時候，想到當初自己的婚禮，我就安慰自己：沒關係，這些車肯定都不是他們自己的。

所以，你看，他這樣子把你的錢收了，打壓你，不讓你那麼傲慢，真的都是他的智慧。要不然，我自恃學歷高、家境好、長相也不差、錢也比他多，不知會怎麼不可一世呢，那時也沒有受過傳統文化的薰陶，那真是要騎在人家的脖子上駕馭人家了。

剛結婚的頭兩年，我先生不建議我找工作，讓我在家待著，收拾家務，要有婦功。開始我不會做飯，他就買了十多本食譜，鼓勵我學做飯，煎、炸、烹、炒，樣樣都來，每週都請朋友來家裏吃飯，品嘗我的手藝。所以，現在我唯一還能拿得出去的就是做飯，水餃、包子、餛飩、煎餅什麼的我都會做，練出來了。如果現在才讓我練，我就練不出來了。

然後就是穿衣服，我先生要求我穿衣服絕對不允許曝露。十六年前，我剛嫁給他的時候，那陣子剛開始有家居服，我就買了一套，他有朋友來，我就穿著它見客，第一次就被我先生狠狠地訓了一頓。他說：「你永遠不要穿著這種衣服會客，不禮貌，不莊重。還有，客人來了，你一定要穿上襪子，不可以光腳穿拖鞋。」我當時雖然有點不服，但是也都同意了。後來，有一次我追逐韓流，買了一件很性感的小上衣，買回來的當天晚上，我還跟他炫耀說：「這件衣服一千多塊錢，很漂亮，前面很低，很性感。」我先生看了一眼，說：「給你三個選擇，第一退掉；第二剪掉；第三送人。你看著辦吧。」我當時就說：「誰剪哪？」他說：「我給你剪，不用勞煩你。」我後來想想，送人吧，我也不認識什麼人，剪掉吧，太可惜了，於是我就拿著那個小襯衫回到商場，跟營業員好一頓懇求：「我先生真的不讓我穿，我求求你給退了吧，我也沒穿，這標牌還在呢。」人家就覺得很奇怪，說：「怎麼會這樣？」從那以後，為了避免那三個痛苦的選擇，我就再也沒有買過那樣子的低胸衣服。

現在我學習女德，才知道他是對的，一個男人就是要懂得如何去調教自己的妻子，她才不會做太大的出格的事情。回首這十六年的婚姻，我覺得就是兩個字——教育，從一舉一動、一言一行、起心動念、生活的點滴小事上去受教育，防微杜漸。

一位大德曾經說過：「真正的大善知識，是來成就你的，讓你不要有貪心，不要有傲慢的心，不要有淫逸的心。」所以，我現在對我先生很感恩，他真的就是來成就我的。比如，前陣子，我先生有一天就跟我說：「你父母也來幫你忙了，白天我也去上班了，孩子也都上學、上幼兒園了，你這相的什麼夫、教的什麼子啊？你白天在家都做什麼了？」我說：「白天我學習啊，學好了就能夠好好地相夫教子啊。」他聽了後，隨口說了句：「嗯，有道理，過兩天我考考你。」

有一天，他很隨意地坐在那兒，就開始數落我了，你這一點怎麼怎麼樣，你們公司那一條做得不怎麼樣，《弟子規》不能念要去做，怎麼怎麼的。最後他說到第四點的時候，我忍不住發火了，忘了這是考試了，拍案而起道：「你住嘴，道不同不相為謀，我們不在一個道上！」然後我就走了，走之後還不解恨，又給他發了兩個簡訊，全是《弟子規》裏「見未真、勿輕言」之類的大話，想教育他一頓。但是發了兩條之後，我就覺得不對，《弟子規》不是用來教育別人的，是用來教育自己的，行有不得當反求諸己。考試沒通過，我又錯了。當時也不好意思馬上懺悔，等我先生從北京談完生意回來後，我才向他懺悔。那天晚上他回來得很晚，我就給他燒水、沏茶、切水果，然後站了半天，才說：「上次不該跟你發火，我又錯了。」我先生很大度地說：「我都習慣了，沒事，你慢慢改吧。」男人的心胸真的很寬廣，我覺得自己很幸運，遇到的是一位賢夫。

＊夫妻相處「勿不敬」

《夫婦篇》裏，還講到了夫妻之間「禮義不可不存」、要有「關雎之義」。雎鳩是一種水鳥，前一陣我碰見一個老師，他跟我說雎鳩實際上是天鵝，很高貴的一種鳥，我沒有考證過，也不知道是不是真的。但是我看到註解裏有說，雎鳩鳥有兩個特性：第一，這種鳥一輩子只有一個配偶，從一而終，在古文裏叫「偶不亂交」；第二，這種鳥都是避著同類到草叢裏去親熱的。這很令我震撼，古人以鳥禽向我們預示夫妻之義禮，鳥禽都能做到的，我們現在的人能不能做到？禮，在《曲禮》中叫「勿不敬」，對此，我的感觸特別深。因為夫妻之間相處長了，彼此身上點點滴滴的毛病就都能找出來並加以放大，慢慢地就會忽略對方身上的那些優點，從而就會生出輕慢的心。輕慢的心一出來，有時候說出來的話就會讓人感到不舒服，時間久了，就會給婚姻生活蒙上一層陰影。比如，我先生以前經常跟我說：「我是在你的打擊磨練下成長起來的。」因為我先生他的事業做得很不錯，他要是回來跟我說一說，我就會打擊他說：「那有什麼啊，不就是能賺點錢嘛，我又不稀罕錢。你看你連本書都不讀，什麼道理都不懂。」然後我就會給他講上一大堆道理，最終，我先生都會說一句：「我看，你也就是理論家，而我是實踐者。你說了那麼多，你自己也沒做到幾點；我雖然說不出來，但是我能做到。」所以，前一段時間我也很慚愧，就跟我先生說：「我終於明白為什麼古人要稱呼丈夫為先生了，你真的可以做我的老師了。」

❀以寬大的心愛身邊的人

《夫婦篇》裏，還講到了教育孩子的問題，「《禮》，八歲始教之書，十五而至於學矣」，也就是說，好的男孩子從八歲就要開始有步驟地教導他了。

有一天早上，我一大早打電話給我婆婆，請教她以前都是怎麼去教導我先生的。我婆婆說：「我第一個教他要忍讓和謙讓，一個人懂得讓，才會有人願意和你來往。所以小的時候無論他跟誰起爭執，他一定是不出聲的。」我婆婆的話，讓我馬上就想起來，有一年我先生做生意，遇見一個四十多歲的女客戶，很潑辣，當時就想撕毀合同，就在我先生的辦公室吵鬧不休，話罵得很難聽，都是無理取鬧。我先生本身也是律師，還有自己的律師事務所，當時就跟她說得很明確：「如果我們的合同不符合規格或者有不對的地方，你可以到法院去告我，但是你現在要撕毀合同好像說不過去，因為這裏面還牽扯到第三方。」講了兩遍，她都不接受，就是吵鬧，我先生就不說話了。當時，我正好也在我先生公司裏，因為很害怕，我就在他辦公室的門外聽，但是整整一上午，只聽到那個女客戶的聲音，我先生卻沒有聲音。後來我跟幾個員工就在門縫偷偷地看，我看到我先生他很安然若素地在那兒喝茶，還把茶倒好了送給那個女客戶，說：「你累不累，喝口水再說。」後來到了中午吃飯的時候，他自己買了幾個包子吃，也給那個女客戶買了幾個包子，說：「要不，你吃完了再說。」到下午的時候，他說：「真不好意思，我要出去了，不行你明天再來。」後來那個女客戶就很不好意思，自己走了，然後再也沒來公司鬧過。

我婆婆還說：「我特別鼓勵男孩子要多交朋友，要有一個寬大的心。他從小學到大學所有的好朋友，我都認識，而且他的很多同學都管我叫媽媽，因為都被我請到家裏來吃過玩過，我都會很尊重他們，就像大人一樣地尊重他們。」所以，我先生他這個人人際關係很廣，很多朋友都非常願意和他交往。我聽了後，就很慚愧，為什麼呢？我這個人喜歡清靜，不喜歡外面的人到我家裏來，所以我兒子的狀況是什麼呢，沒有朋友。我大兒子上小學一年來，經常苦惱地跟我說：「媽媽，我沒有朋友。」我當時還覺得，幹嘛要朋友，自己一個人多好啊！佛法裏有一句話叫廣結善緣，現在我明白了，為什麼願意聽我講課的人會比較少，因為自己圖清淨，沒有廣結善緣，種什麼因，一定得什麼果。我也明白了，為什麼我先生的那個企業徵人很容易，而我這個企業徵人就很困難、很麻煩，每次都低聲下氣地求我先生幫忙招人。以前一直不明白為什麼，現在才明白，因為不懂得謙讓，不懂得以一顆寬大的心去愛身邊的人。

所以說，一個母親真的可以影響孩子的一生，我婆婆對我先生真的成就很大。

＊孩子的問題，都是父母的問題

我自己原來不會教育孩子，對孩子很溺愛，把孩子慣壞了。比如，我大兒子三歲時，我帶他去飯店吃飯，下車的時候他就不下車。我說你怎麼不下車呢，我兒子就很傲慢地說：「媽媽，這樣的飯店應該有人來給開門，我等著他給開門。」買東西也是一樣，有一次一個阿姨想請他吃冰淇淋，我兒子就說：「我只吃哈根達斯的，六十塊錢一個的冰淇淋球。」

前不久，我大兒子要加入少先隊，老師寫了一個條子，請父母親送孩子一份特別有意義的禮物。我就特別懺悔地給我兒子寫了一封信，邊寫邊哭地說：「兒子，以前媽媽不會愛你，都愛錯了，學習了傳統文化和《弟子規》，才知道該如何愛你。」我兒子就問我：「媽媽，明天你要送什麼禮物給我呢？」我說給你寫一封信，我兒子很聰明，不一會兒他也給我寫了一封信，說：「媽媽，你先看看我給你的信。」我一看信：「媽媽，明天那個禮物除了你寫的信之外，我還想要一個禮物。爸爸給我買的大玩具都被你收起來了，你明天就送我那個大玩具好嗎？我相信你一定會送的，多餘的話我就不說了。」言下之意，他很期盼能收到玩具。第二天他上學時還問我，我說：「你放心，我一定會送你一個特別有意義的禮物。」我強調了一下，然後他就開開心心地走了。

其實我拿的是鐘茂森老師《母慈子孝》的光碟，我放在包裹就去兒子的學校了。到了學校，本來想去門口的小店給包裝一下的，結果看到所有的小店裏都是學生家長，手上全部都是各種玩具、食品、精美的巧克力盒、大書包什麼的，都在那兒包裝，於是我就沒去包裝了。學校很重視這個活動，上百個一年級的同學舉行了隆重的儀式，最後戴上紅領巾，然後讓家長上前面去給送禮物。我來到我兒子面前，半蹲下去，很鄭重地把光碟舉到頭頂，說媽媽就送你這個光碟。我兒子當時很失望，那個表情很不好，又看看左右，說：「人家送的都是玩具。」我其實當時是哭了，我說：「玩具有特別的意義嗎？玩具能玩出一個聖賢嗎？玩具可以讓你成為一個孝順父母的孩子嗎？媽媽不慈了，你就不孝，那我就對不起你爸爸，也對不起你爺爺奶奶。」我兒子當時看到我哭了他就沒說什麼，孩子很寬容，就把那個光碟接下來了。回家之後，我很懺悔自己，因為我覺得是我把兒子頭七年的路給領錯了，不會愛孩子，沒讓孩子懂得什麼是真正的愛。於是那幾天，我就每天都跟我大兒子懺悔以前的事情，一樁樁地懺悔。我說：「兒子，媽媽以前做得真不對，比如總是帶你去五星級飯店吃飯，很小的年齡你想要什麼就滿足你什麼，把你慣壞了，我真的錯了。」懺悔了三四天之後，我大兒子就自己主動地把《母慈子孝》的光碟放到DVD機裏，很認真地看起來了。他真的是認認真真地看，如果他弟弟在旁邊吵鬧，他都會讓弟弟走開，說：「我要學這個，這個是媽媽給我的禮物。」看完光碟之後，他說了一句話很讓我感動，他很認真地說：「媽媽，我要向鐘老師學習，我也要成為一個有志向的人，我也要成聖成賢，讓你也那麼感到光榮和驕傲。」我當時真的很慚愧，更感恩在現在這樣的社會裏，還能有鐘老師母親這樣的榜樣可以去學習、去效仿、去激勵自己。

以前我大兒子還有一個壞毛病，看見喜歡的東西就想據為己有，而且他很聰明，有時候說著說著，別的小朋友不由自主地就把那個玩具給他了。有一次，他拿回家的不是玩具，而是把一個小朋友的手機給拿回家了。我當時很生氣，怒火中燒，但是我知道用怒氣呵斥孩子是不對的，那我就求助於我先生。我先生做什麼事情都很心平氣和，他說，放心吧，我會教育他的。然後我先生就很認真地帶著我大兒子，帶著我大兒子很喜歡的一副圍棋，還有我兒子拿回來的那個手機，約上那個小朋友和她的母親到他的辦公室。到了辦公室之後，我先生就讓我大兒子拿著那個手機，我先生自己拿著那個圍棋盤，恭恭敬敬地帶著兒子給那對母女三鞠躬賠禮道歉，說：「我們做父母的，很慚愧，兒子教育得不好。現在把手機還給您，為了表達我們的歉意，把我兒子這副圍棋送給您，請您務必收下。」那個母親不收，我先生就說：「為了配合我們雙方的教育，請您收下。」人家收下後就走了，我先生就跟我大兒子說：「你把別人最心愛的東西據為己有，你現在嘗一嘗你自己失去心愛的東西是什麼樣的感受。」這件事發生在去年，從那以後到現在，我大兒子再沒犯過這個毛病了。前一段時間，他有一天跟我說：「媽媽，我已經很長時間不再拿小朋友的東西了，可不可以求爸爸再給我一副棋盤，我很想下圍棋。」因為他很小就學圍棋，學得很好。我說是真的嗎，他說是真的，你可以去問老師和同學。我就去跟他的班主任老師溝通了一下，老師說他現在真的很好。我就跟我先生商量，我先生說可以，孩子已經改了，明白錯了，那就再給他買一副吧。現在我大兒子就經常自己擺圍棋陣，自己在那兒下，一下能下幾個小時，很有定力。

所以，如果孩子有什麼問題，其實都是父母的教育有問題。

我大兒子有一個家庭老師，因為這個家庭老師是我的一個員工，所以我就比較怠慢她，每次她來給孩子上課，我也不會站起來，她來了，我就說：「好，來了。」她要走了，我說：「好，走了。」突然有一天，我聽老法師講經特別提到要恭敬老師，我就很震驚，難怪我兒子總是不聽這個老師的話，原來是我這個當媽的太怠慢這個老師了。所以，當天這位老師要離開我家的時候，我「噌」地就站起來，第一次喊我的兒子：「趕緊到一樓來，恭送老師離開我們家。」然後我就把老師的電腦包和手提包都接過來，我兒子在旁邊上就那麼看著。老師要走的時候在門口穿鞋，我就在那兒給她鞠躬，說：「老師，非常感恩您，您辛苦了。」那個老師很詫異，因為她很年輕，比我小，又是我的員工，就說：「陳總，不用客氣，沒關係。」我說：「不可以，您是我兒子的老師，也是我的老師，我真的很感恩您，認真地每天過來輔導我兒子的功課。」第二天，老師要離開的時候，我再一喊我兒子，我兒子就主動把老師的電腦包背過去了，到門口還幫老師把鞋子都拿出來放到她腳前，說：「老師，您穿鞋。」而且他自己還搶著說：「老師，您辛苦了，感恩您。」這大概是一個多月前的事，現在就不用我喊他了，我兒子有時候就喊我了，一上完課，我兒子就喊：「媽媽，老師要走了，恭送老師。」我就趕緊從樓上下來，說：「老師，您辛苦了。」的的確確，是從我開始這麼做之後，我兒子聽老師講課才認真了起來的。比如，以前他上課坐姿不正確，老師說很多遍，他還是那樣子，現在老師一說，他就會坐得很端正，還會說：「對不起，老師，我錯了。」所以，以前不是孩子不尊敬老師，而是我這當媽的不尊敬老師，沒把老師放在眼裏。

今年過端午節的時候，我也是第一次拿著粽子去恭恭敬敬地拜見我兒子的班主任老師，也是帶著我兒子給班主任老師鞠躬，非常感恩老師，孩子在學校讓老師很費心。父母對老師恭敬之後，老師的責任感會油然而生。後來，我兒子第一次回來說：「我們老師鼓勵我、誇獎我了，說我最近表現得很好。這是老師第一次對全班同學表揚我，我一定要繼續努力。」所以，只有父母自己恭敬師長了，孩子才會恭敬師長，聽師長的話，認真學習，不用父母操心。

今年年初寒假的時候，我在辦公室裡為我兒子成立了一個國學的小私塾，由兩位專門負責傳統文化的員工提供免費教學，我的員工、客戶裏有孩子願意學的，都可以來。寒暑假是每週上三天課，平時是每週六上課。每週六的這個小氛圍裏，十來個孩子聚到一起，學習《弟子規》、《孝經》、《常禮舉要》、《三字經》。他們還會排練小節目，比如《二十四孝》，排練得很好。我跟他們說，你們演熟了，把《跪羊圖》那個歌唱好了，我們去養老院給老人們做表演，孩子們聽了很歡喜。這個暑期，他們去參加了一個《弟子規》的夏令營兒童班，為期十二天。學什麼呢，就學灑掃應對、疊被洗衣、恭敬父母，集中強化一下。

其實，當初我帶兒子學《弟子規》的想法很簡單，學習一下《弟子規》，讓大兒子好聽話一點，不要那麼頑皮，跟他弟弟相處得好一點，家裏太平一點，我就很滿足了。回首這一年多來學習傳統文化的路程，恍然在夢中，現在我真的有一種使命感，要讓身邊更多的人受益，才是一種真正的快樂。所以，我現在真的是從心底裏希望，能把我的兒子培養成像鐘茂森老師那樣的人，成聖成賢，利益社會，利益眾生。

作為一個很平凡的小女子，我沒有什麼大的德行和學問，做不了什麼大的貢獻，但是我願意放下對名利的追逐，認真修學女德，盡自己的一切能力，把婚姻經營好，把家裏面料理好，把我的公公婆婆侍奉好，把我的兒子教育好，讓我先生沒有後顧之憂地安心經營好他的事業，這樣，我也算盡到我的本分了。

肆：敬順篇

家族和睦興旺的祕訣

【敬順第三】

陰陽殊性，男女異行。陽以剛為德，陰以柔為用；男以強為貴，女以弱為美。故鄙諺有云：「生男如狼，猶恐其尪；生女如鼠，猶恐其虎。」然則修身莫若敬，避強莫若順。故曰敬順之道，為婦之大禮也。夫敬非它，持久之謂也；夫順非它，寬裕之謂也。持久者，知止足也；寬裕者，尚恭下也。夫婦之好，終身不離。房室周旋，遂生媟黷。媟黷既生，語言過矣。語言既過，縱恣必作。縱恣既作，則侮夫之心生矣。此由於不知止足者也。夫事有曲直，言有是非。直者不能不爭，曲者不能不訟。訟爭既施，則有忿怒之事矣。此由於不尚恭下者也。侮夫不節，譴呵從之；忿怒不止，楚撻從之。夫為夫婦者，義以和親，恩以好合，楚撻既行，何義之存？譴呵既宣，何恩之有？恩義俱廢，夫婦離矣。

【譯白】

男人屬於陽性，女人屬於陰性，陰陽之性不同，男女之品行亦有差異。陽以剛為自己的德行，陰以柔為自己的相用；男子以剛強為美德，女子以柔弱為美德。所以有俗語說：「生下像狼一樣剛強堅韌的男孩，還惟恐他像尪一樣羸弱不堪；生下像鼠一樣柔弱膽小的女孩，還惟恐她像老虎一樣強悍兇猛。」女子修身之道莫過於一個敬字，避開剛強之道莫過於一個順字。

所以說，懂得恭敬柔順，是女人最應當遵循的大禮。敬沒有別的，就是要能夠做到持久；順沒有別的，就是要能做到寬裕。持久，就是要懂得知足安分、適可而止，對丈夫沒有求全責備之心；寬裕，就是要崇尚（懂得）恭敬退讓，對丈夫心量要大，要理解包容。夫婦間因為過於親密，終生不離地在同一個屋簷下周旋，時間長了，怠慢輕薄不敬不順的心就會生出來；怠慢輕薄不敬不順的心生出來後，說的話就容易過頭；說的話一旦過了頭，就會做出一些放縱肆意的動作來；放縱肆意的動作一旦做了出來，那麼侮辱丈夫的心也就生出來了。這都是因為不懂得適可而止、不知足安分（太過放任剛強）而造成的啊。事情有曲有直，言語有是有非，佔理的人不能不爭論，沒理的人也不能不辯駁；爭論辯駁一旦產生，彼此就會憤怒相向。這都是由於不懂得恭敬退讓而造成的啊。輕慢侮辱丈夫的心不知道節制，必然會招致譴責呵斥；爭論不止憤怒不休，必然會招致棍杖擊打。作為夫婦，本應以禮義而和睦親近，以恩愛而百年好合。已經用棍打杖擊了，哪裏還存在什麼禮義呢？譴責呵斥的話已經說出來了，哪裏還有什麼恩愛呢？恩愛和禮義如果都沒有了，夫妻就會分離了。

✽敬順裏邊有大智慧

一個家庭能不能興旺和睦，關鍵看這個家裏能不能守住敬，人與人之間如果都相互敬愛，自然就能夠和睦，家和自然能萬事興。現代社會，支離破碎、不幸福的家庭很多，主要是三種關係比較難處理：第一，夫妻關係；第二，孩子的教育；第三，婆媳關係。這三種關係不和睦，最根本的原因，其實就在於彼此缺少了恭敬、敬順的心。這一切應當從誰做起呢，當從女子做起，因為女人是一個家庭的根。我也是從修學女德之後深刻認識到這一點的，只要時刻守住一個敬順的心，這三種關係自然能夠相處和睦。

那如何才能守住敬順呢？《敬順篇》的第二段有一句很重要的話：「然則修身莫若敬，避強莫若順。故曰敬順之道，為婦之大禮也。」在此，我先跟大家分享一個故事。前兩天我婆婆過生日，一個月前，老太太就很嚴肅地跟我們說，她堅決不出去吃飯，因為她一向都很勤儉。我們大家就都反對，因為今年她是七十三歲，都說「七十三、八十四，閻王不請自己去」，所以我們都很重視她這個生日，家裏老老少少大概二十口人就跟她爭執。她說家裏有保姆，但是保姆當時就不是很高興，因為要做這麼多人的飯，夏天的確比較難弄。大家爭執不下的時候，我二姑姐和我先生就問我的意見。我第一個反應，是先學《女誡》的這個敬順，我說：「咱媽說得對，要節儉，就按她老人家的意思辦，不行我們可以下廚幫忙。」我婆婆一聽特別高興，說：「對啊，靜瑜都說了，我們就在家吃。」後來就誰都沒有再出聲。回家之後，我就被我先生訓了一頓：「那麼多人，家裏的一個小飯桌得分幾次吃啊？天又那麼熱，老太太又不讓人開冷氣。」後來我就說：「離過生日還有將近一個月呢，何必提前二十多天就惹她不舒服。咱就先順著她來，等到了生日再說，反正車到山前必有路。」我先生就說：「那到時候，你負責處理。」

到了老太太過生日的頭一天，我先生和我二姑姐都打電話給我，說：「你不是答應你來處理的嗎，那你就跟媽說，讓她出去吃飯店，反正我們都不在家吃。」後來我想來想去，就給婆婆打電話，我說：「媽，明天您就要過生日了，特別巧，別人送我一張餐廳的券卡，都存好錢了。您看要是不去花的話，那個錢就作廢了，因為它有期限。要不要您過生日的時候，我們就去給它花掉？您如果一定要在家吃，這麼多人，萬一把阿姨累壞了，她以後工作心裏頭會不舒服的。」老太太一聽這券卡是別人送的，就很高興，說：「反正那餐廳的錢也不用我們花，那就去吃吧。」然後，我們大家就高高興興地聚到了餐廳的大包廂。我先生和我二姑姐到了以後，都很驚訝地看著我，我說：「你們就別看我了，反正老太太已經很高興地過來吃了。」他們都問：「你用的什麼辦法？」我說：「用智慧。」反正，那天大家就吃得很歡喜。

以前我婆婆過生日，我只是單純給她點錢，覺得她年紀那麼大了，我也不知道應該買什麼，況且有時候給她買東西，她還要說我浪費。今年過生日之前，我就跟我大兒子商量，我說：「兒子，奶奶這個生日很重要，我們得讓奶奶高興高興。」我大兒子就說：「媽媽，那我來唱歌，我來唱《我們是相親相愛的一家人》，你和二寶打手語。」我大兒子就教我和二寶手語，我們就在家排練了一下午。然後寫紅包，我第一次讓我大兒子代表全家人給奶奶寫一段話，我大兒子剛上二年級，他特別認真地在那個紅包上寫道：「孫子張坤鵬代表張氏全體人員祝奶奶生日快樂！壽比南山，福如東海！」

婆婆生日的那一天，我們吃完飯準備切蛋糕的時候，我就跟婆婆說：「媽，以前過生日就是給您紅包，今天在給紅包之前，我們想表演個節目獻給您。」老太太很意外，因為我平時是一個比較內向的人，不會唱歌，唱歌會走音。老太太就問什麼節目，我說：「兒子，都站好了，我們準備表演了。」大兒子唱歌，我跟二兒子在旁邊做手語，一起給老太太表演節目，我就發現老人家的眼裏有一絲淚光。隨後我兩個兒子又給老太太磕了三個頭，我大兒子才把紅包交到老太太手裏，老太太特別開心。我先生看到這一幕，很受感動，有史以來第一次主動要求發言。他先是反省他自己平時做得不好的地方（因為他做企業非常忙，家裏很多事顧不上，尤其這麼多年我公公婆婆一直是我來負責照顧），然後向父母道歉認錯；其次，他第一次當著全家人的面特別地誇讚我，說我很賢惠，因此讓他工作的時候心情很愉快，再大的壓力回家後都能釋放；最後，最重要的是，他讚歎傳統文化很好，因為他一開始對我學習傳統文化並不是很理解認可。我婆婆當時就特別高興，說：「我從來沒覺得這麼開心快樂過。」我說：「媽，和諧社會就是先從和諧我們的家開始，這樣我們也算為國家做貢獻了。」我二姑姐也說了一句話，她說：「靜瑜，我以前一直覺得你學佛挺迷信的，看到你現在很快樂，我才覺得學佛真是挺好的。」我是二〇〇四年接觸佛法的，我二姑姐他們當時都很反對。

*改過才能生起恭敬心

在我婆婆過生日的過程中還有一個細節，就是之前我跟我媽媽說了：「媽，你比我婆婆要小，她是你的姐姐，這個生日他們家人又很重視，我包一個紅包，是我的錢，就說是你送的錢，吃飯的時候你把這個紅包給我婆婆，她一定會很開心。」我媽媽說：「好，也不是我出的錢，我就借花獻佛。」在那天快要吃完飯的時候，我媽就把這個紅包拿出來送給我婆婆，我先生又站起來發表了一陣感言，特別地感謝我父母，所以，婆婆今年的這個生日，大家都覺得特別開心。其實這一切，我覺得都是從我的恭敬心裏開始的，如果沒有對先生和公婆的這種恭敬，就不會很真誠地去做，也不會打動他們的心。

「修身莫若敬，避強莫若順。」也就是說，恭敬心其實是靠修出來的，我們常講，玉不琢不成器，性德不修是不會顯現的。那，修是什麼呢？修，就是不斷地改過，不斷地轉念頭，不斷地把自己煩惱的心轉成智慧的心，不斷地把自己迷惑的一些東西給轉明白了。我這半年多特別得益於每天都聆聽聖賢的教誨，一天最少要聽四個小時，最多的時候，曾經聽過十個小時，真的不吃不喝，讓自己的心靜下來，在聆聽的過程中自己不斷地去悟、去體會、去轉變自己的念頭。

比如，以前我要是什麼事做錯了，我先生就會把我叫到書房，說哪件事哪件事你做錯了，我也知道我錯了，但我就是沒有那個恭敬心，比較傲慢，我就不以為然地點點頭，錯了。我先生要是問：「那你說說你哪兒錯了？」我就會說：「我哪兒都錯了。」他要是說：「怎麼能都錯了呢，你就把這一件事的錯說一下。」我就說：「對不起，說不出來。」然後他就很生氣：「你這個態度不正確。」我就說：「我就是這個態度，你要再往下說，我就不說話了，拒絕回答。」然後他就沒有辦法了。但是自從修學女德後，現在我就不一樣了。前兩天也是，我先生有一件工作上的事情來批評我，我覺得的確是我錯了，我就很認真地和他道歉：「真是對不起，這件事情我真是做錯了，請你原諒。我下不為例，以後一定改過來。」我說完後，我先生就說：「妳現在這個態度真好，我聽著可舒服了。」我現在這個態度都是靠自己轉念頭、靠聖賢的教誨去薰習出來的，不是說自動就能夠蹦出來的，我根性差，蹦不出來的。所以說，我自己悟出來：敬，不是單純地出現在心裏，更重要的是要表現在言語和行為上。

✽學習敬順的三個盲點

在學習敬順的過程中，要避免三個盲點。第一個盲點，為了學而學。比如說，我們很喜歡坐在那兒聆聽聖賢的教誨，很喜歡學習，但是我們要先想一想，我們學這些的最終目的，不是為了我們自己，是為了讓家人更快樂幸福。我一開始沒想清楚，就陷入了盲點。比如，我爸要是叫我陪他出去散步，我會說：「不行，不能散步，我得學習，沒學夠呢！」我先生要是叫我下樓陪他聊會兒天，我會說：「不能下去，我得學習。」我先生就說：「你這都學傻了吧。」後來有一天，我就自己在那兒琢磨，學這些最終為的是什麼呢，如果就是為了學而學，那就成了書呆子了，後來我就想通了，不能再這樣為了學而學了。第二天吃完晚飯，我爸要我陪他們出去散散步，我說好，收拾完碗筷，就高高興興地陪著爸媽和孩子們出去散步了。我爸可開心了，說：「你今天怎麼想通了，不摟著那書本了。」我說：「學書本也是為了讓一家人更快樂。以後只要你們需要，我隨時都可以陪你們。你們不需要我了，我就再去學習。」

第二個盲點，有對立的心。這個對立不單純是跟我們身邊的人，還包括我們的老祖宗。比如說，我認識很多朋友，根本都沒看過《女誡》，我剛一提，他就反駁：「那都是封建禮教、老古董，現在都什麼年代了，你還學這個。」一有對立的心，實際上他的恭敬心就沒有了，傲慢的心就起來了，就不會得益。要把對立的心放下，敞開心扉去接納老祖宗的聖賢教誨，得到的那種受用將是無法言說的。就像這個「敬」字，我在學習的過程中，就有特別深的體會。我這一生可能沒有什麼大本事，也沒有什麼能力去做一些偉大的事情，但是作為一個女子，我可以用一種偉大的方式去做好生活中的小事。就是說，我可以抱著一個無比虔誠和恭敬的心，去恭恭敬敬地做好家裏的每一件大小的事情，從我做起，做一個好榜樣，做一個學習女德的好妻子、好媳婦、好母親、好女兒。那麼雖然我可能影響不了全世界、全中國甚至身邊的人，但是至少我可以改變我自己，可以讓我自己生活得非常滿足和快樂。自從修學女德後，我自己最大的一個感觸，就是抱怨的話變少了，幾乎沒有了。因為每次抱怨的話剛一到嘴邊，忽然就想起來這個話好像不像是學習女德的女子應該說的，自然而然地就咽回去了，咽回去之後那個懺悔和羞愧的心就升起來了，一知恥，就能改過了。

第三個盲點，敬，單純是對人，不包括對萬事萬物。給大家舉個例子，我原先收拾屋子，只收拾大面積，死角的地方就不是很在意，或者有時就聽之任之，但是自從學習《女誡》後，我就開始也收拾死角了。另外我們家有一個花園，我現在就總跟我爸說：「出去走，別踩那個小草。」花園裏有好多樹，前院大概有六棵丁香樹，後院還有杏樹、櫻桃樹什麼的，前一陣我爸要給樹剪枝，我說：「萬物都有靈性，都能溝通，你剪枝之前要跟它們商量、溝通一下。」我爸就笑，說：「跟它說什麼呀？」我說：「你就說，我要剪枝了，幫你們打理一下，通通風，要不樹枝太密了，不好。」前兩天，我去參加一個論壇，一見面就送我好多鮮花。要照以前，這個花送完了，我就給隨便放房間裏了，那花因為沒有水過兩天可能也就枯萎掉了。那天我看著那些花，就想它們也有生命，對它們也要存恭敬心，我就跟義工老師說：「能不能幫我找兩個花瓶。」義工老師說：「這個花一兩天就枯萎了，不用花瓶。」我說：「咱還是找一個花瓶吧，它需要水。」義工老師就給我找了兩個大花瓶來，我就一朵朵地給它剪枝、打理好後，給插到花瓶裏，早上換一次水，晚上換一次水。結果我在論壇待了三四天，到我離開的那天，那花還開得特別旺盛。所以我走那天，義工老師還說：「這花開得怎麼這麼好。」我說：「因為它知道你的心意嘛。你別扔掉，我走了以後，你從我這屋拿到你們辦公室去繼續放著，注意每天給它換水。」

✽學會從心底裏尊敬孩子

很多做父母的，孩子稍不合他的心意，要麼破口大罵，要麼出手就打。我看到過很多家長，當著很多人的面就會去責罵孩子，一點不會尊重孩子，那孩子的心態一定就不會很好，因為我就是這麼過來的，我吃過虧，有過教訓。以前我沒學傳統文化，對我那大兒子也很嚴厲，不管人多人少，有的時候他稍微做得不好（其實小孩子哪有那麼一板一眼的），我就會很嚴厲地指責他，我先生說我，我都不聽。而且我還老打孩子，拿掃帚打，管教得特別嚴，因為我自己小時候就是這樣被教育過來的，那我就覺得我的孩子也應該這麼教，不能因為家裏條件好就對他不嚴格。結果，我那大兒子在三歲的時候就得了一種怪病，什麼病呢，就是頻繁地眨眼睛。我特別著急，你說感冒發燒都可以治，這頻繁地眨眼睛怎麼治呢。我去北京問了好多醫院，他們說，病因是孩子的心理受到了很大的壓抑，無法排解，因為他年紀小，就反應到他的器官上，就透過眨眼睛這種方式去排解。這樣我發現我錯了，趕緊懺悔，並祈求兒子的病能好。至誠感通，我大兒子後來好了。我得到的教訓就是，再也不敢對他那麼嚴厲了，而是盡量去隨順他的天性，順勢而為地去教化他。

跟大家分享一個例子。比如說前兩天，別人送給我大兒子幾塊糖，為了保護他的牙齒，我就不想讓他吃那個糖，就故意跟他說：「這個糖應該挺好吃的，媽媽拿去吃了。」我兒子在那兒寫作業，就說：「那好，你吃吧。」我就把糖拿上樓去吃了。等到晚上的時候，我大兒子他悶悶不樂地過來找我說：「媽媽，我得跟你談談。」我說：「好，你談吧，什麼事？」他說：「你學傳統文化，怎麼沒有恭敬心？你拿我的糖，都不說謝謝，吃了就吃了，也不說聲謝謝。」我當時一聽，就愣住了，想了想，我就說：「你去把《孝經》這本書翻開，把第一章讀一遍給我聽一聽。」我大兒子他也不知道我什麼意思，就把《孝經》翻開來，把第一章「開宗明義」讀了一遍，讀完了之後，我說：「你給媽媽解釋一下什麼叫『身體髮膚受之父母』。」我大兒子說：「就是我這身體、皮膚、頭髮都是從你和爸爸那兒得來的。」我說：「你的身體都是爸爸媽媽給的，你有塊糖給媽媽吃，媽媽還要說謝謝你嗎？你有了這個糖的第一感覺就應該是：我爸爸媽媽想不想吃？我姥姥姥爺想不想吃？我應該先孝順他們，而不應該先吃進我自己的肚子裏。媽媽向你要這糖的時候，你應該已經生慚愧心了。」我大兒子聽了之後，什麼都沒說，站在那兒不出聲，半天，說了一句：「好，媽媽，以後有好吃的，先給你，你不用說謝謝了。」

跟大家舉這個例子，是因為我在教女德課的過程中，曾經遇見過一個女聽眾在我面前痛哭了一上午。她的女兒在一個外企上班，月薪非常高，但是卻一分錢都不會給她媽媽花。買了好東西回到家就在自己房間裏吃，她媽媽如果進去吃一點，她就會呵斥說：「你連聲謝謝都不會說嗎？」她媽媽就趕緊說：「謝謝你，女兒，這個東西挺好吃。」這個女聽眾就哭著和我說：「她怎麼會這樣呢？」我說：「您應該問您自己，老祖宗不是說行有不得當反求諸己嘛。您這個女兒，您是不是從小就很溺愛她？」她說：「對，我很愛她，我愛她愛得都二十多歲了我還給她洗內褲，什麼家事都不讓她做。我對她特別好，她怎麼能這麼對我呢？」我說：「你就是愛錯了。你雖然對她好，但是好的方式是錯的，不符合倫理道德教育。母慈子孝的這個『慈』，絕對不是說在所有的生活細節上對孩子照顧得無微不至。真正的『慈』，是怎麼樣去引導孩子的靈性得到提升，讓她在待人接物、為人處世上有好的榜樣可以去依止。」所以說，愛孩子、尊敬孩子，要有智慧才行。

再給大家分享一個例子，也是我跟我兒子之間的故事。有一天晚上，我帶著兒子出去散步到鄰居家，鄰居家女主人沒有孩子，所以非常喜歡我這兩個兒子，就拿出很好吃的點心、糖果、芝麻糖給他倆吃，他倆就很興奮，因為這在我們家平時都是看不著的。玩了一會兒，他倆就各自嘴裏吃著一塊、手裏又拿著一塊，就出來了。出來之後，老大就快速把兩樣東西都吃進肚了，老二因為還小，今年才不到三歲，就剛吃完一塊芝麻糖，另外一塊芝麻糖還在手裏捏著。老大過來跟我說：「媽媽，二寶那麼小，得保護好牙齒，他那塊糖我幫他吃一半行嗎？」我說可以，我這「可以」聲還沒落，還沒說下一句呢，他就一個箭步衝過去搶二寶手裏的糖，就要掰兩半。那你想二寶那麼小，他肯定就死死地攥著不給，然後老大就開始拼命地哭，還用力跳腳，說：「媽媽都說了，一人一半。」我們這個時候還沒有離開鄰居家的院子，兩人就開始哭鬧，怎麼勸也勸不住。鄰居就出來了，拿著兩大盒糖說：「都別哭了，一人一盒拿回家，慢慢吃。」我要照以前，肯定就會發火，因為我覺得很沒面子，但是那一次我控制著沒火起來。因為我忽然想起來劉素雲老師的光碟講過一個詞叫換位思考，我就想，要我是這麼大的孩子，可能也會這樣，這糖肯定很好吃，他才會這樣搶的。我就笑了，跟大兒子說：「兒子，別衝動，衝動是魔鬼，一衝動魔鬼就出來了。」我那大兒子就特別大聲地說：「我就是要讓魔鬼出來，這魔鬼不出來，這糖能出來嗎？」後來我就沒出聲，拿著鄰居的糖，我們就回家了。回家之後，我就很嚴肅地跟我媽媽說：「這個糖您收著，拿回去給我弟弟家的孩子吃，他們倆是不吃的。」他們兩人回家後也都知道錯了，誰也不出聲，我說這話的時候，兩人眨巴著小眼睛一聲沒敢吭，我媽就把那糖都拿走收好了。我說：「媽，您要鎖好，鎖到您櫃子裏。」然後，我什麼也沒說，一聲也不出地就帶二寶下去洗澡了。大寶跟在我後面，我也不說話，就當沒看見他。等給二寶洗完澡出來上樓給二寶穿衣服的時候，我發現桌上有一個小紙條，上面寫著：「親愛的媽媽，對不起，我錯了，我以後再也不大喊大叫了。你的大兒子。」我就把紙條收起來了。大寶洗完澡上來，看我表情還沒什麼變化，就問：「媽媽，你沒看見桌上什麼東西嗎？」我說沒看見。他就說：「沒看見就算了，媽媽，你別生氣了，我以後再也不讓魔鬼出來了。」我說：「好，兒子，人要學會控制自己，尤其是男人。你要現在被一塊糖就拽跑了的話，那你將來就會被別的什麼東西拽跑了，你就沒有自己了。」

為什麼這件事我要特別地講一下呢，因為我以前的性格特別容易生氣，孩子要這樣哭鬧，尤其是在外人面前，我肯定會發火，但是現在我覺得生氣發火解決不了任何問題，只有愛和智慧能解決問題。其實孩子也是老師，父母要學會真正地從心底裏去尊敬孩子。現在我就把我的兩個兒子看成我的老師，天天給我出考題，而且越來越難，就看你有沒有那個耐心和智慧去應對了。這種耐心和智慧，都是靠從平時的小事上一點一點地去調教、累積的。

＊懂得適可而止

《女誡》的敬順篇，還講到「夫敬非它，持久之謂也」，「持久者，知止足也」。意思就是說，這個敬沒有別的，關鍵是能持久，怎麼樣持久呢，就是要懂得適可而止與知足常樂。舉個最簡單的例子，不能好吃的就吃個沒夠、好玩的玩個沒夠、一生氣發起火來就沒完沒了。比如我們女人經常生起氣來就像多米諾骨牌似的，本來跟先生吵架是因為這件事，吵到最後往往都不知道扯到十年前的哪件事上去了，這都是因為不知道要適可而止。

止，在逆境中要知止，在順境中更要知止。比如，這一天都順心順意的，碰見的都是喜歡的人，聽到的都是想聽的話，做的也都是喜歡的事，一切都是這麼高興歡喜，真希望能天天如此。錯了，此時更要懂得止，不要起任何貪戀，也不要起任何想無端永遠佔有的心，更不要起任何得意傲慢的心。要像《了凡四訓》裏說的那樣，命當榮顯時常作落寞想，眼前足食時常作貧窶想，學問頗優時常作淺陋想，這麼一想，一止住，傲慢的心就生不起來了，恭敬的心就起來了，這個人就能不斷地往前進了。逆境的時候，比如這一天都是不順心的事，別生氣，別煩惱，要懂得把念頭轉過來。俗話說「人生不如意事十有八九」，人生就是這樣的，不可能什麼都如意的，這樣轉念去一想，心態就不一樣了。轉念頭真的很重要，比如，我剛辭職回歸家庭時，我單位的員工特別留戀我，就經常給我打電話，我就覺得他們怎麼總是騷擾我，就會很煩，就起了嗔恨心。後來我就轉念頭，就想：他們跟我這麼有緣，從心底裏這麼愛我這麼留戀我，我應該惜緣惜福才是，不應該跟他們起對立的心。這麼轉念一想，煩惱就沒有了。

＊知足的好處

知足，就是要知足常樂，要學會永遠記住，一切都是你的福報，你當下擁有的就是最好的，不要去羨慕別人，更不要去跟別人比。很多女人喜歡把自己的先生跟別人的先生去比，比來比去的結果就覺得自己的先生是最差的，好的全跑到別人手裏去了。所以絕對不要比，因為一比，心裏就會有高下，就會不平衡，然後就會到處抱怨，結果往往是自取其辱。這方面我以前得過一次教訓，什麼教訓呢，就是剛結婚的時候，我先生什麼家務都不會做，進屋就是襪子一脫，東一隻西一隻的，然後往那兒一躺，什麼都不做，我就很生氣，也不敢跟父母說，就偷偷地給我姑姑打電話，因為我跟我姑姑感情很好，結果我還沒抱怨超過三句呢，就被我姑姑給罵回來了：「他那麼差，你怎麼會找他，你什麼眼光啊，家醜還不可外揚呢。」我當即就沒話說了，就把電話給放下了，從那以後一直到現在，我再也沒跟別人抱怨過我先生怎麼不好。以前也有鬱悶不開心的時候，我就忍，看看書讓自己調整一下，或者出去逛逛街做做美容，然後也就忘了。我先生有一次給我開示說：「人的這個忍，有三個層次。第一個層次叫忍受，忍字就是心上一把刀，就是看別人做得不對了，看別人不順眼了，你也得忍，至少把你的嘴閉上，不要隨便去評論別人，更不要動不動就去跟別人爭來爭去的。這是一個人最起碼的修養，這個層次你要過不去，那你的下場就會得一身病，你想心上都有刀了，又憋氣又上火的，你能不生病嗎？第二個層次叫寬容，就是即使別人錯了，甚至詆謗你，但是你的心量要大，要原諒別人，把別人的錯誤放下，不要去計較。第三個層次叫包容，有些事情其實無所謂對錯，只是彼此所站的角度不同。他那個層次、那個素養、那個教育背景，他迷惑顛倒也是可以理解的，你這個層次、這個環境、你這個教育背景，你這麼認為是對的，也是可以理解的，所以都沒有絕對的對錯。能達到這個層次，你就看不到別人的過錯了。」我先生跟我說完這些之後，我就好好稱讚他：「你這個層次是比我高，難怪古代都管丈夫叫先生，你的確是老師級的。」雖然我先生平時是一個很大男子主義的人，但是他真的特別有智慧，這一點我特別敬佩他，同時我覺得很幸運，自己遇見的是一位賢夫，所以我覺得很知足。

＊不要把錢看得太重

《敬順篇》裏，還講到「夫順非它，寬裕之謂也」，「寬裕者，尚恭下也」。意思就是說，順沒有別的，就是心寬，能裝下萬事萬物；寬裕，就是永遠謙恭退讓，千萬不要高高在上、居高臨下。比如說，現在有一些能力強的女性，因為工作很好、家庭背景也很好、自己經濟條件也很好，就會拿錢去幫助丈夫的親戚朋友。幫助別人是好的，但是千萬別掛在嘴上總提。你不提，丈夫和親戚朋友還會感恩你。如果你總提，人家那個感恩心就沒有了，最後就變成你拿了錢還買了一大堆埋怨，人家還不信任你，還挺煩你。因為我身邊就有這樣的朋友，她是一個很有錢的闊太太，跟我說，她出了很多錢幫了很多窮朋友窮親戚，結果都不得好，她就搞不懂為什麼。我就跟她說：「你出就出了，出完你要全忘了，權當沒出。你要是總放在嘴上說個不停，人家一點都不會感恩你。」

我覺得一個人不要把錢看得太重，錢看得重了，肯定就容易傷感情，現在很多家庭的矛盾其實都是從錢上引出來的，就是太在意錢了。我給大家舉個例子，我家因為我大姑姐家庭條件比較貧困，她的孩子從小學到中學到大學的所有費用，一直都是我來給。我來給是什麼概念呢，就是我大姑姐她有事了就給我打電話，我就給寄錢，她是從來不找她弟弟的。後來我這個外甥女上大學以後，我就固定地給她那個大學的卡裏每個月寄生活費。前兩天，我大姑姐來電話說，要讓孩子去申請助學金，我就跟她說：「不要申請，這不都有錢了嘛，咱就不要再擠佔那個名額了，把那個名額留給別人吧。」我說這個是什麼意思呢，就是說，咱們跟親朋好友相處，能幫的就幫一把，如果覺得自己財力不夠的話，至少有這一念心也是好的，不要把錢看得特別重。

*不要得理不饒人

《敬順篇》裏，還講到「夫婦之好，終身不離。房室周旋，遂生媟黷。媟黷既生，語言過矣。語言既過，縱恣必作。縱恣既作，則侮夫之心生矣。此由於不知止足者也」。意思就是說，夫妻之間，因為過分親密，每日在室內周旋相守，彼此太熟悉了後，就不大注意禮節和禮儀了，很容易產生褻瀆輕慢的心。為什麼有的先生對回家相夫教子的太太會一點點地變得輕慢呢？其實我們不應該全怪先生，也要反省我們自己，你想想，如果你一天到晚在家裏頭邋裏邋遢的，你先生他看到你心裏能舒服嗎？反正我一般是在家裏也都會穿得比較整齊。有一次，我先生一早起來看見我嚇一跳，說：「你不是在家學習嗎，你穿這個樣子，是準備出門嗎？」我說：「不是，我在家也是穿的這樣子。」我先生他就笑了。所以說，不管男人怎樣，作為女人，任何時候，一定要先把自己收拾乾淨，把身邊的環境收拾乾淨，衛生是第一要務，一個邋裏邋遢的女人是不可能把丈夫侍奉得很好、輔佐得很好的。這一點，是我們修學女德時要特別注意的。很多女性可能不在意，在家隨隨便便邋裏邋遢的，弄得黃臉婆似的，千萬不能那個樣子。

除了形象上不能隨隨便便的，語言上更不能隨隨便便的。「媟黷既生，語言過矣。語言既過，縱恣必作。縱恣既作，則侮夫之心生矣。此由於不知止足者也。」就是說，輕慢的心一出來，在言語上就容易過頭，一過頭就容易放縱自己，就會產生侮辱先生的心，這都是因為不知道適可而止。《女誡》的這一條，對我們女人尤其重要，因為女人最容易囉嗦，一不注意，這話就不對了。我曾經在劉素雲老師的光碟裏聽到她提出過「四不」：第一不爭論，第二不辯論，第三不討論，第四不解釋。對照《女誡》，我想在劉老師的「四不」上再加一個

「不」——第五不評價。這也是我現在跟我先生相處的一個原則，不評價家裏任何一個人，公公怎麼樣，婆婆怎麼樣，你姐姐怎麼樣，你弟弟怎麼樣，也不評價外面的任何人，除非是善意的提醒。對別人恭敬，就是對自己恭敬，要想贏得先生的尊重，就要先尊重先生。現在有很多女性，尤其是一些職業女性，因為經濟條件比較獨立，就很傲慢，就不會太尊重自己的先生。還有一種女性是什麼呢，經常得理不饒人（「侮夫不節」），先生錯了，她對了，就抓住這個理，一直喋喋不休的，非常地傷人，最後吵架打架，恩斷義絕，甚至離異，這都是不懂得知止足、適可而止。

跟大家分享一個我跟我先生的故事。去年我們家有一天晚上被人用錘子把玻璃給砸了，因為砸之前有人打電話到我家找，就提到了我的名字，我們家人就都以為他們是我得罪的什麼人。當時我正好出差在外面參加傳統文化論壇，等我回家之後，我先生就很惱火。因為我以前是大門不出二門不邁，生活十分簡單，就是上班然後下班回家，也就是從去年學習傳統文化之後才經常出來參學走動的，所以我先生就特別生氣，就責問我：「是不是你出去惹的，不會說話，把誰得罪了？」我這人其實有時候挺單純的，被我先生這麼一問，我就很聽話地在那兒認真地想：我這是得罪誰了呢？後來我真是想不出來是誰，雖然我知道可能我做得不好，但是我真的想不出有誰會對我這麼仇恨。然後我先生就很生氣，那個晚上基本上就沒讓我睡覺，讓我深刻反省，我就坐在那兒反省了大半夜，也沒反省出來。第二天他又讓我反省，我還是沒反省出來，但我還在那兒繼續很認真地特別懺悔地想：這是誰呢？怎麼會這樣呢？結果隔了三天，這個砸玻璃的人寄了一封信來，說明了一下他們是誰，原來他們就是想買我先生公司裏的一樣產品，沒買到，就很生氣，想發洩，就來砸我們家玻璃了。這信我也沒全看明白，就把這信給我先生，我先生一看就明白了，因為我先生他有一個公司是用我的名字註冊的，對方以為我就是老闆，所以砸玻璃之前就打電話來找過我，其實我什麼也不知道。真相大白後，我先生也沒有說什麼，也沒有說：「對不起，讓你反省這件事，是我錯了。」我也沒有責怪他，當時我還跟他說：「太好了，幸虧是用我的名字，用我的名找的是我，反正我什麼也不知道，也不會怎麼樣。要找你就不好了，你在外面那麼忙。」然後這件事就這麼輕描淡寫地過去了，過了一年了，一直到現在，我先生從來也沒有說，砸玻璃這件事讓我反省錯了，但是我相信，他從心底裏會認可我的寬容和大度。

所以說，我們女人在處理一些事情的時候，千萬不要得理不饒人（「侮夫不節」）、喋喋不休的，哪怕就算是你自己一點過錯都沒有，你也要想想，你跟你的家人是共業，只要壞事情發生在你家了，你就要反省，是不是你自己的德行出問題了。因為沒有莫名其妙的事情，一定是你自己的德行感召的。如果是莫名其妙的譭謗，正好，用佛法的話，是幫你消業來了，用《了凡四訓》裏的話，「謗毀之來，皆是磨練玉成之地」，你自己不生氣不發火，業障它自己就消了。

以上是我學習《敬順篇》的一些主要體會，我自己做得也不是很好，但是透過不停地修學與薰習，時刻注意遵守女誡的教訓，真的很受用，父母開心了，先生歡喜了，孩子也有進步了，說明敬順確實是家庭和睦的根本。

伍：婦行篇

四德，是造家之福

【婦行第四】

女有四行，一曰婦德，二曰婦言，三曰婦容，四曰婦功。夫云婦德，不必才明絕異也；婦言，不必辯口利辭也；婦容，不必顏色美麗也；婦功，不必工巧過人也。清閒貞靜，守節整齊，行己有恥，動靜有法，是謂婦德。擇辭而說，不道惡語，時然後言，不厭於人，是謂婦言。盥浣塵穢，服飾鮮潔，沐浴以時，身不垢辱，是謂婦容。專心紡績，不好戲笑，潔齊酒食，以奉賓客，是謂婦功。此四者，女人之大節，而不可乏之者也。然為之甚易，唯在存心耳。古人有言：「仁遠乎哉？我欲仁，而仁斯至矣。」此之謂也。

【譯白】

女子在日常生活中有四種常行，一是婦德，二是婦言，三是婦容，四是婦功。一個女子，其婦德不必太才華過人、聰明絕頂、太過異端；其婦言不必太能言善辯與伶牙俐齒；其婦容不必姿色太過美麗動人；其婦功不必技巧過人。（編者注：此四不必，為防傲慢心，因唯謙受福。）清雅嫻淑貞潔沉靜，謹守節操舉止端正，有羞恥之心（可恥的事不要做，要有原則與底線），言行舉止都要有規矩，這就是婦德。三思而後言，言辭和內容都要有所選擇，說出來的話要讓別人順耳，萬不可口出惡語，而且有些話要選擇時機場合而說，以免引起他人的反感厭憎，這就是婦言。注意清潔衛生，汙穢塵垢的衣服及時地清洗乾淨，服飾鮮亮整潔得體，按時洗澡沐浴，身體乾淨不存汙垢（也就是說，要把自己收拾得乾乾淨淨、清爽整齊），這就是婦容。專心紡紗織布，不好嬉戲亂開玩笑，會做潔淨豐富可口的酒菜，這樣有賓客來時才能招待侍奉得周到，這就是婦功。婦德、婦言、婦容、婦功，這四項是女人的大節，不可缺一項。但這四項做起來並不難，只在於真正用心去做就行了。古人說：「仁離我很遠嗎？我一心想要行仁，仁就來了。」說的就是這個道理。

＊從學做飯開始

婦行，就是四德，也就是女子的婦德、婦容、婦言、婦功。

以前我對三從四德沒有任何概念，一點都沒有接觸過，而且聽到這種詞語會覺得很刺耳很反感。我是去年在學習傳統文化的時候，很偶然地看到《女誡》這本小冊子的。因為看到封面上印著「女子此生不可不讀的一本良籍」，我就隨手翻了翻，尤其仔細地看了看《婦行篇》，很震撼，因為跟我想像中的三從四德完全不一樣。後來我就把這個小冊子帶回去，自己印了一千冊，首先發給單位的女員工，然後再發給單位的會員客戶，後來又印了好幾萬冊往外發。開頭我自己也沒有很認真地研學，就是覺得它非常好，但並不是很懂。當時還有女員工跟我說：「陳總，婦行要怎麼做，你給我們講講吧。」我說：「其實我做得也不好，也講不好，不是說『讀書千遍，其意自見』嘛，大家就先反複讀吧。」

當時我們單位的女員工，大部分是二十多歲的小女孩，又都是獨生子女，所以，第一都不會做飯，第二都不會打掃房間什麼的。可自從學習《女誡》之後，雖然不是很懂其中的深意，但是她們主動跟我說：「陳總，我們中午可以自己做飯。」我當時就挺高興的，說：「好，我們就自己做飯。」原先都是單位發給他們午餐補助讓他們買便當吃，自己做飯以後，我就跟全體員工說：「原先每天中午給你們的午餐補助你們還自己留著，我再單獨拿出一部分錢來給你們自己做飯。但是我這個錢只能做素食，你們要願意吃就吃，要不願意吃，可以用原來中午補助的那個錢繼續去買便當，去吃你的紅燒肉、香腸。但是你們要是吃我的這個素食，就不能手裏再拿根香腸，兩邊都沾兩邊都吃，這個不可以。」

這個方案一開始只有兩三個員工響應，後來其他的員工算了下細賬，如果吃我的素食，一個月至少可以省下來三百塊錢，他們就紛紛都來吃了。一開始很多人吃完了總喊餓，尤其是喜歡吃肉的男員工，我就跟他們說：「你餓，就再多吃幾碗飯，反正這桌上不能見肉，見肉那就不對了，那就不公平了。」後來他們慢慢地也就習慣了。然後，我又專門給女員工上了三天課，專門給她們講怎麼做飯，米飯怎麼蒸，放多少水，因為有二十多個員工，飯鍋很大，該放多少水她們也不知道。然後這個大鍋菜怎麼炒，要有先後，先洗菜、備菜，是先蒸還是先炒，因為鍋沒那麼多。然後我又重點跟她們講了幾個原則：第一，吃長素，五種顏色的蔬菜都要吃，不能挑食；第二，豆製品不能少，就是黃豆大豆都要常吃；第三，菌類不能少，比如木耳和香菇什麼的，都要常吃；第四，果仁類不能少，要經常炒炒花生仁、腰果什麼的。聽完課後，她們說成本高，我說：「咱們不能圖便宜去吃這個素，要讓所有的人覺得好吃，還要讓他們感覺比以前吃得更健康營養了，所以在錢上絕不能吝嗇，你們盡管買好了。」然後我就定期把菜錢存在她們的一個存摺上，讓她們自己去取。

學習《女誡》後，我們單位女員工最大的一個變化，就是開始修婦行了，她們的廚藝變得非常好，做的飯菜都很好吃，而且還會做點素餡餃子和素餡包子什麼的。然後春節回家的時候她們還給父母做飯，父母都驚喜地說：「你們單位怎麼還教做飯啊。」

✻愛需要理智

《女誡》的婦行篇，對四德是這麼說的：「夫云婦德，不必才明絕異；婦言，不必辯口利辭；婦容，不必顏色美麗；婦功，不必工巧過人。清閒貞靜，守節整齊，行己有恥，動靜有法，是謂婦德。」我第一次看到這四德的第一感覺是，實際上就是身、口、意三業的清淨無染。其次，我覺得現在的社會尤其需要強調貞節，因為我接觸過一些女性，有的對父母也很孝敬，很捨得拿錢財去供養父母，但是在情感和婚姻生活上卻很放縱，忘了《弟子規》裏說的「德有傷，貽親羞」。比如有的女性我跟她交談的時候，她就說：「現在是什麼社會了啊，那些封建的老古董，我們不要總是抓著不放。」她的意思，我是一個老古董。因為我第一個男朋友就是我先生，我倆是高中同學，但是高中沒有交往，大學畢業後他追求我，當時我就問我奶奶，因為從小我是跟奶奶長大的。我奶奶就說：「那就趕緊嫁了吧，要不你長得也不好看，以後要嫁不出去怎麼辦，好在他是你同學，還比較了解。」所以說，我是二十歲大學畢業，二十三歲就結婚嫁人了。

前不久，我去邯鄲傳統文化論壇演講的時候，我父親特意給了我一份剪報，上面有一條新聞，是說雲南省已經把婚前守貞正式列入教材裏了，而且是引用西方的教材。這條短新聞，我在邯鄲傳統文化論壇上還當眾宣讀了，說明西方國家也已經意識到女性守貞的重要性了。守身如玉，是我們中華民族自古以來的傳統美德，可惜我們現在很多女性都把這個美德丟掉了。我接觸過一些女性朋友，很早就搞婚外情。比如有一個大姐，跟一個有婦之夫一直糾纏了十幾年，先後墮胎了六次，這個男人也沒有離婚娶她。這個大姐從三十多歲一直等到四十多歲，除了一身的婦科病，什麼都沒得到，現在身心憔悴，那個男人對她也不是很好。我曾經問過這個大姐：「你為什麼要這樣啊？」她就說她很愛那個男人。但我覺得身為女人更需要的是一種理智的愛，而不是這種深陷情執、癡迷的、缺乏理智的愛，然後把自己毀掉了，自己傷透了心，也讓父母跟著傷透了心，還一點不自知，還覺得為了情，癡守一生是一件好事。這都是不懂婦德。

✽婦德源於傳統家教

一個女子的婦德，我覺得首先來源於她小時候的家教。我是很小才一歲多的時候，就到爺爺奶奶身邊了，因為當時我母親身體不是很好，而且又懷了我那兩個雙胞胎弟弟，所以我從小就是跟著奶奶一起長大的，可以說，我小時候所有的家教基本上來源於我的爺爺奶奶。

我奶奶是一個很傳統的女性，她十六歲就作為童養媳嫁給了我爺爺。我爺爺是一個大戶人家的獨生兒子，我奶奶沒有什麼學問，而我爺爺卻從小飽讀私塾，很有學問，也有一定的官職，但是他從來沒有嫌棄過我奶奶，到今年我奶奶已經八十五歲了，我爺爺八十歲了，他們還是很幸福地生活在一起。我奶奶她一輩子給我的感覺就是任勞任怨，而且特別善良，我們家就像旅店一樣，誰來都可以，隨便吃隨便住。記得有一次我奶奶一直趴在窗台那兒往下看，我就問：「奶奶，你看什麼呢？」我奶奶說：「昨天我看見有一個像乞丐一樣的人在垃圾桶裏翻吃的，不知道他今天會不會來。」原來奶奶那天特意新蒸了饅頭，拿塑膠袋裝好放在了那個垃圾桶邊，所以她就總在那兒看那個乞丐今天會不會來找吃的，一來找，他不就能把那個新蒸好的饅頭拿走了嘛。雖然我奶奶沒什麼學識，但是她對我小時候的管教非常嚴。比如說，我小時候從來沒有新衣服穿，都是撿奶奶、姑姑、嬸嬸穿剩下的，因為我奶奶說女孩子不用那麼在意穿著。另外，我奶奶還說女孩子不允許挑食，吃飯不能挑三揀四的。記得有一次，我因為不喜歡吃麵條而不肯吃飯，我奶奶就讓我到樓下罰站，大概是從下午四點多鐘一直站到晚上十點多鐘，一直站著，我也不出聲。後來我奶奶把我領上樓，然後問我餓沒餓，我說餓了，我奶奶就說：「餓了就把麵條吃了吧。」我只好又把那碗麵給吃下了，也沒給熱一下，冷的就吃下去了。後來我結婚成家後，家裏雇的保姆為什麼廚藝總不長進，就因為我從不挑食，她做什麼我吃什麼。有時候我先生說這麼難吃你也能吃啊，我就說還行。再一個，我奶奶從不允許我佔便宜，她說佔小便宜就會吃大虧，女孩子尤其不能喜歡佔小便宜。還有一個，我奶奶說女孩子一定要勤快，所有的家務事她都會讓我做。我大概五、六歲的時候就會跟著我奶奶包餃子，而且包得不好她會呵斥我，所以我很小的時候那個餃子就包得很好看，然後逢年過節家裏所有的家務，我奶奶都會讓我去參與。所有這些，真的是影響了我的一生，讓我後來沒有成為一個好吃懶做、好逸惡勞的沒有一點婦德的女子。

在婚姻上，我也並不能說我是一帆風順的，我也曾經有過迷惑。比如說，曾經在一九九六～一九九七年的時候，那時候我還沒生孩子，在北京的一個外企工作，總裁是一個外國人，他非常重視我，希望把我帶到上海去好好發展。我當時就比較幼稚，我想反正我也沒有孩子，那乾脆離婚算了，然後我可以很自由地去發展我的事業。於是，我回家就很坦然地跟我先生說我要離婚，因為我這個人不是情執很重的那種人。然後我先生就問為什麼，我說我要一個人好好地發展事業。我先生就很生氣，他說：「離婚可以，你把理由寫出來，先稟告你爺爺奶奶和你父母，他們簽字了，我就簽字。」後來我就沒敢寫，因為我怕我爺爺奶奶罵我，他們小時候管得真的很嚴。記得小時候有一次我吹泡泡糖，大概是十歲吧，那陣子剛剛流行那種大大泡泡糖，我也覺得好玩，回家在那兒吹了一個大泡泡，我爺爺一個大嘴巴子就打過來，說：「靠牆站著，為什麼打你知不知道？」我說不知道。他就說：「你這哪有女孩子的樣子啊！噗哧撲噗地吹著，多醜啊！這輩子都不能吹了！」後來，我這輩子的確再沒敢吹過泡泡糖。

所以說，小時候的教育真的特別能影響一個人的一生，而且父母的榜樣、祖輩的榜樣，也會給你很好的激勵。像我們家就沒有離婚的，我父母也是很早二十二、三歲就結婚了，現在他們六十多歲了，也是非常地恩愛，像男耕女織一樣。我爸開車，我媽坐車，我爸打掃花園，我媽做飯，兩人配合得特別好，很多鄰居都很羨慕他們。而且我媽看上去很年輕，像四十多歲似的，因為她什麼事都不要操心，大事全由我爸做主，她就是把飯做好，把屋子收拾好，就完事了。雖然她這一輩子也不是什麼成功的職業女性，但是她生活得很幸福。她的這種生活對我們兒女的影響特別大，所以，像我結婚十六年，我兩個弟弟也都結婚十多年，都很平淡地沒什麼波折就過來了。

✽你有婦德，才能穩住這個家

「清閒貞靜，守節整齊」，就是說要耐得住清淨寂寞，要幽婉沉靜（遇事不要慌慌張張火三火四的），要謹守貞節，還要舉止端正。關於貞潔，記得有一次我去杭州，朋友請我喝龍井茶，跟我說：「靜瑜，這個茶你品嚐，它特別香。」我這個人對品茶也沒什麼經驗，就問：「它為什麼這麼香啊？」朋友就說：「因為炒茶的這家老闆我認識，他用的女孩子都是處女，都是品行很好的女孩子，所以他家的茶格外的香。如果用一些不守規矩的女孩子，茶就沒這麼香了。」雖然我不常喝茶，不大懂這裏面的講究，但我覺得他說的也許有道理，因為一個品行很好的女子，她的磁場一定很好，這個磁場肯定也會感染到身邊的一些物境。

「行己有恥」，就是說要有羞恥心，現代的女性，可能在貞節這一方面已經格外不知道羞恥了。人一旦沒有了羞恥心，那真的就跟禽獸沒有什麼區別了，所以現在的婦女病與各種婦科絕症很多，這也是一種業報。

「動靜有法」，就是說，一言一行動起來的時候，或者默然靜坐的時候，都要守規矩，要有威儀：端莊大方，不輕不佻，心懷善念，彬彬有禮，溫和謙遜。這可能也就是窈窕淑女的標準，但這樣的女子在現代社會很難看到，根本原因就是缺少教育，沒有人教，父母沒教，學校沒教，社會當然更不會教了。打開社會上的那些流行雜誌，從來沒有一本說是專門教女德的，都是教怎麼化妝、怎麼打扮、怎麼美容、怎麼性感、怎麼找有錢男人，教的都是冶容誨淫。所以，我去美容院的時候（以前我會員卡裏的錢沒花完又不給人退錢），那些雜誌都沒法看，我就建議他們把雜誌都給換了，換成《朱子治家格言》或者蔡禮旭老師的《幸福人生》。他們說買不到這些書，我就拿了好多這方面的書去送給他們，後來他們反映說，效果還挺好的，有的顧客說這些書從來沒看過，很耳目一新，很有道理。

總而言之，婦德展現出來後，這個女子的心是靜的，不會浮躁，會顯得很穩重、很有定力，會給人一種可依賴感，人就覺得跟你接近心裏安穩，就願意靠近你，你就能當得住這個家。比如說我們家吧，我不能發火或是心躁，我一心浮氣躁，我先生就會覺得沒底，就會問：「我這個心裏慌，你這最近是怎麼了？」所以說，女人一定要心靜，心要定，你的心一定，你家的磁場就都定下來了。你就像那個定海神針似的，你可不能亂動，你一亂動，家裏就會狂風大浪似的都沒底了，孩子惶惶然，先生戚戚然，就會覺得這是怎麼了。

✽修好婦言的五點感觸

對於婦言，《婦行篇》裏的要求有這麼四句：「擇辭而說，不道惡語，時然後言，不厭於人。」意思就是說，三思而後言，言辭和內容都要有所選擇，說出來的話要讓別人聽著順耳，萬不可口出惡語，而且有些話要選擇時機場合，以免引起他人的反感厭憎。

對於如何修好婦言，我自己的感觸有這麼五點：第一點，不要聚眾閒聊。閒聊是女人們特別喜歡的事，沒事就聚在一起，張家長李家短的。我們公司的女員工以前就是這樣的，經常兩三個一堆三五個一夥的，你這衣服怎麼樣，我這耳環怎麼樣，你昨天看什麼電視劇了，我昨天看什麼電視劇了，雖然也不是惡語，但是一點用都沒有，都是廢話，浪費時間，浪費生命。自從學習《女誡》之後，我就跟她們說，能不能不要總在說這些沒用的廢話，咱有工作說工作，沒什麼事的時候，就看看聖賢教誨或者是想想怎麼能把工作做得更好，說這些廢話除了浪費時間，還容易拉幫結夥的，引起各種口舌和矛盾。

第二點，不要說戲言。很多女孩子特別喜歡開玩笑，尤其我們北方的女孩子，因為性格豪爽大大方的，往往口無遮攔，想說什麼玩笑就說什麼玩笑。結果，說者無意，聽者有心，就得罪人了，然後自己還不知道。

第三點，不要說輕佻的話。有一些女性，在跟異性客戶或者領導一起吃飯的時候，往往很愛表現自己，說著說著就飄起來了，加上長得比較好看，就會越說越輕浮，讓男性以為你是不是對他有什麼意思，結果就惹禍上身了。我記得有一次，我剛開始出來開公司的時候，碰見一個老總，當時我們在一起吃飯談一些業務上的事，可是說說他就跑題了，就很曖昧地說：「靜瑜，你知不知道現在這個社會，男女交往還可以是些什麼關係？」那我就說：「那個跟咱這個飯局也沒什麼關係，你要吃你就好好吃，不吃以後到此為止。」那是我們最後一次吃飯，之前他來我們公司時還經常稱呼我的名字，靜瑜長靜瑜短的，之後他再來我們公司買產品時，就會很鄭重地稱呼我陳總。所以說，一個女子如果自己把握住分寸，說話不輕佻，別人自然地就會很尊重你。

第四點，不要隨便指責或批評別人。有一些長相比較漂亮或者賺錢比較多的女性，總喜歡對別人說三道四的。比如我自己，以前有一個特點就是心直口快，遇見看不慣的什麼事，馬上直言相勸，不吐不快，還以為自己很正直，是為了對方好。後來我聽一位大德開示說：二十歲到三十歲的人你給他提意見，一件事情他錯了，你可以提三次；三十歲到五十歲的人，你只能提一次；五十歲以上的人，你一次都不要提，提了只會讓別人起怨恨心。道理很好懂，積習難改，就像那個小樹和那個老樹，小樹長歪了，有時候還能修正過來，那個老樹，盤根錯節的，很難再修正過來了。所以我們勸別人之前要三思而後言，先想一想能不能說，口為禍福之門，有時候一不小心，就會禍從口出。

第五點，少說話多傾聽。立志相夫教子的女子，一定要廢話少說，那你在家裏說出來的話才會有的放矢，落地有聲，先生和孩子才會聽你的。我跟我先生平時的交談不是很多，因為他比較忙，一般回家都比較晚，他要是累了，我就不怎麼跟他說話。那他要是不累看上去比較興奮的時候，我就會陪他多說說話，但是一般我都是聽得比較多。大家記住，無論是先生，還是家裏的老人，你多當個傾聽者，尤其是老人，他們特別願意說。比如說我婆婆，特別喜歡說她年輕時的事，有的事我堅信她都說了一百遍了，他們家的人都不願意聽了，但是因為她特別想說，那我就在那兒聽著。後來有一次我先生跟我說：「我特別懷疑你的真誠，聽了這麼多年了，你怎麼還能那麼認真地聽她說。」我就說：「的確我都能背出來她下一句了，但是她還是想說，那我就聽著唄。」其實，我先生有的時候也犯這個毛病，有的事情實際上他都說過了，他還說，那我就很認真地聽，最後他說完了，我才說：「這件事，你那天都說過了。」

＊女孩子要不要富養

現在有兩種特別不好的價值觀，就是：第一，女孩子做第三者不可恥，而且非常唯美；第二，女孩子要富養，要養尊處優，將來才能夠跟得上有錢人。我這次來香港，一個朋友來接我，她是一個銀行的副總裁，問我做什麼來了，我說我到香港佛陀協會學習傳統文化來了。她說：「那我問你一個問題，女孩子到底要不要富養？」因為她有一個十幾歲的女兒，她的家庭條件也很好。我就一路上跟她分享說，女孩子不能太富養，如果從小就養尊處優的，以後她進入社會稍有不如意就會有挫折感，一旦想不開的話就會做出一些很極端的事情。比如，我在讀研究生的時候，曾經親眼看見隔壁宿舍的一個女孩子從三樓跳下去死了。我是工作以後讀的研究生，那個女孩子她是直接從本科升讀的研究生，才二十歲出頭。那天中午我打飯回來，她把自己反鎖在屋裏從三樓跳下去直接就死了，我們都不敢下樓去看那個慘狀，只看見她媽媽在外頭哭得很傷心。原來這個女孩子從小就被溺愛，被慣得不像樣子，父母對她百依百順。上大學後交了個男朋友，因為性格不合，沒幾天男孩子就把她甩了又換了別人，那她就想不開了，萬念俱灰，什麼都不想幹了。學校發現苗頭不對後就把她媽媽接來了，接來的當天，她當著她媽媽的面就跳樓自盡了。這就是一個富養的女孩子的結局。

除此之外，女孩子從小如果養尊處優，那她也不會有好的德行。比如，她會做飯嗎？她會收拾屋子嗎？她懂得照顧人嗎？最起碼的為人妻的這些德行她能具備嗎？有人說可以讓保姆做，可是怎麼能保證她一定能找一個有錢的家裏有保姆的先生，然後什麼都不用她做呢？更何況很多事情並不是保姆能替代的。比如說，先生回家了，是保姆給泡一杯茶溫馨還是妻子去給泡一杯茶溫馨呢？先生每天穿哪件衣服是保姆挑好還是妻子挑好呢？先生是吃保姆做的飯心情舒暢還是吃妻子親手下廚做的飯心情舒暢呢？這方面，我有親身體會。我先生就從來不吃保姆做的飯，保姆做的再好吃，他也覺得不好吃，我做的也不是很好吃，但他就是覺得很好吃。我說你這個就怪了，挑人也挑得太厲害了。所以只要他在家一般就是我做飯，哪怕弄一個炒雞蛋，然後弄一個酸辣湯，再切兩片香腸，特別簡單的一頓飯，他覺得也挺好吃的。保姆弄的紅燒肉什麼的，菜也挺多的，但是他說不好吃。有時候我真是不明白他這是怎麼回事，他真是太重視我了，但是我很感恩，因為這也是一種夫妻間的情感溝通。

＊內心美的女人最美麗

下面跟大家分享一下婦容。

《婦行篇》裏寫道：「盥浣塵穢，服飾鮮潔，沐浴以時，身不垢辱，是謂婦容。」這段話的表面意思很簡單，就是說要把自己收拾得乾乾淨淨、清清爽爽的，讓身子不要沾染塵垢。但是實際上，我覺得它還有很深層次的涵義，這裏的垢不僅僅指塵垢，還指心靈上的汙垢讓德行受到了汙染，以至於容貌都受到了汙染。比如，邪淫心重的女子，一看就能看出來，我見過這樣的女子。有一次在傳統文化論壇上我講完女德後，有一個女聽眾私下裏來找我懺悔，她說她四十多歲，私生活非常亂，知道名字與她發生關係的男人大概是十幾個，不知道名字的不計其數，非常地縱欲。後來我跟她說：「你自己看一下你的面相，濃妝豔抹的，烏黑的臉色，嘴唇都沒有血色，面相尖尖的，眼睛都不正，相由心生，可見你的心也不正。」

我還曾經遇見一個女孩子，二十八、九歲，她跟我說：「我原先一直不明白，怎麼我總是會接到這種烏七八糟的男人的騷擾電話，聽了你講的女德後，我明白了，都是我這個臉惹的。你瞧我化的這個妝，這個眼睫毛膏濃的，這個嘴唇紅的，有時候這個眼圈都要塗成黑的，叫煙薰妝，很流行，回家經常把我爸嚇一跳，我爸說怎麼弄得跟鬼似的。」我就跟她說：「如果你化得清清淡淡、乾乾淨淨的，就不會惹來這些事了。」所以說，女孩子打扮不要濃妝豔抹的。我從小就是不化妝，在沒學傳統文化之前，有時候還要抹一點口紅、噴一點比較清淡的香水，後來學了傳統文化之後，這些也都去掉了。我今年三十八歲，有些人覺得一點不像，其實我是從來不刻意保養的，我就是不缺水就好了。可能因為我是雙魚座的，唯一的運動愛好就是游泳，現在基本上也沒時間去了。美容院頭幾年去過，現在基本上也不去了，偶爾陪我媽媽去一下。

好的容貌，不是靠妝飾弄出來的。如果你有好的德行，你的相貌自然會端莊好看，別人看了自然就會生歡喜心和恭敬心。現在的女孩子，花在臉上的功夫太多了，尤其是很多女孩子花很多錢去整容。我的個人經驗是，千萬不要花錢去整容，因為六七年前，我有過一次痛苦的整容經驗。其實也不是我要去整的，是我陪一個女朋友，她要墊鼻子，去了之後她卻害怕了，猶豫了一個多小時。最後她跟我說：「這樣吧，咱倆乾脆一起弄吧，我就不害怕了。」我也權當作無畏布施了，然後我大概就打了不到黃豆粒大的那麼一點到鼻梁上（我女朋友打了很多），因為我覺得我的鼻梁矮，打了也看不出來。然後我也沒敢告訴我先生，因為他特別反對我動身體的任何一部分，尤其是鼻子。可是我一直覺得我的鼻梁太矮了，他有一次為了安慰我，就特意找了一個大師級的算命先生來給我看面相。那個大師一見我哪兒都不說，就誇我這個鼻子，說我這個鼻子是偉人的相而且能生財什麼的。後來我先生就跟我說，鼻子可千萬別動。那天我就想，我才動了那麼一點點，肯定看不出來，但是因為心虛，回家後我就一直低著頭，也不敢說話。第二天早上，我坐我先生的車去上班，路上我也不敢說話，就一直看外頭。快要到地方時，我下車，結果我先生就說了一句話，我當時就崩潰了。他說：「你這個鼻子剛弄的是不是？」我當時特別害怕，就老實交代是陪誰誰去弄的，弄得也不多，就黃豆大的那麼一粒。我先生就問還能不能取出來了，我說：「那可能取不出來了，就這樣了吧。如果影響你的財運，很抱歉啊，我以後再也不去弄了。」然後，那段時期為了這個鼻子真的很痛苦，特別後悔。

✽女子該怎樣穿著打扮

打扮方面，很多女子都喜歡戴首飾，但是當我看到印光祖師開示說，女人不要積首飾，它特別折損福報，因為花大量的金錢去買這些東西，最後也沒什麼用，我就想，要是早看到這些大德的開示，我就不會買那麼多首飾了，現在也沒法處理。那天我還在想有沒有典當行，有的話可以去當掉，因為我現在學習傳統文化，也不戴那些珠光寶氣、繁瑣累贅的東西了。《朱子治家格言》裏講過，那些東西都是炫耀和冶容，而且還特別容易招災。要是有搶劫的，肯定是先找戴首飾的搶，戴得越貴重被搶的可能性越大，因為人家搶上你一次，也就夠本了。

有的女子除了喜歡首飾，還喜歡追求名牌，拎的皮包要LV的，穿的衣服要香奈兒的或者普拉達的。以前我對品牌也追求過，那一陣我比較膚淺迷惑，特別執著於這些物質的東西，一定得穿品牌的衣服，覺得那樣才有味道。現在回頭想想，其實一點用都沒有，身外之物，一樣也帶不走，花那麼多錢穿在身上，只是單純地消滅福報。享福就是消福，吃苦就是了苦，那還不如選擇吃苦了苦，因為把苦了得差不多了，以後老了，年紀大了，七老八十的，我可以無病無災地無疾而終，多好啊！現在很多女孩子為了能穿上那些名牌，要麼不惜用自己的肉體去換取金錢，要麼就拼命地去工作賺錢，要麼就絞盡腦汁地去追求有錢人，基本上就是這幾種管道。我曾經見過一個學習傳統文化的老師，她就是這樣，因為從小生活很艱苦，長大了對有錢人的生活極其羨慕，又不願意去辛苦工作，然後她就去做舞小姐，最後雖然是弄到了一些錢，但是身體卻損傷掉了，婦科病很嚴重，而且福報大損，本來可能命裏面能賺五百萬的，因為沒有正正經經地做人，德行大損，最後變得只剩下二百萬了。

婦容方面，還有一點特別要注意的是，女子千萬不要穿很曝露性感的衣服，尤其是夏天。為什麼不要穿呢？第一，對自己不夠尊重，不端莊；第二，很容易引起一些異性的邪念，那你不是在造業嘛。記得我剛剛講女德的時候，有一個三十多歲的女記者來採訪我。開始她說：「陳姐，你講的這個好像都是沒什麼用的老古董了。」但是等我仔細跟她講完這個女德是怎麼回事後，她就說：「還別說，陳姐你說的還真有道理。咱們大連因為還算是相對比較開放的一個城市，女孩子們長得也都不錯，個子都高高挑挑的，也都愛打扮。前一段時間我採訪一個派出所的所長，他跟我說：『真煩人，又到夏天了。一到夏天，性侵案件就直線上升。也要怪這些女孩子，穿得太過分了。』」

我們公司剛開業的時候，有些女員工也是穿得很低胸曝露，一彎腰，到櫃台裏給客人拿產品的時候，客人都不看那個產品了，都在看她們那個衣服裏面了。後來我就說，乾脆統一定做工作服，換成傳統文化的服裝。自從換成傳統文化的服裝後，最多的贊美來自我們公司的男性客戶，都說這個衣服怎麼這麼好看，在哪兒買的。所以，我心裏就想，這個人性其實真的是本善的，你一個女性，真正回歸到你本來的德行，男人沒有不欣賞與尊重你的，都會從心底裏去敬愛你。去年我參加唐山論壇的時候，有一個老師她沒有穿著曝露的衣服，她是專門賣這些衣服，都是些不正經的風塵女子去她那兒買那些衣服，後來她反省的時候，就說這個衣服看來也不能再賣了，因為也在種不好的因。正好她跟我認識，就問我以後賣什麼衣服好，我就建議她：「你可以賣中華傳統服飾，你看無論那個男裝還是那個女裝，都那麼典雅，那麼端莊，那麼好看。」

婦容裏，除了外貌、穿著、打扮，還有就是眼睛，女子的眼睛，切記不要總東張西望的。這一點在女四書裏講得特別多，女人的眼神要低垂，不要總四處張望，看看那個女的長得有沒有自己好看，那個男的長得帥不帥，這都是招惹是非的因。你雖然沒說輕佻的話，但是你有輕佻的眼神，這是什麼呢，意惡。讀過《俞淨意公遇灶神記》的人都知道，俞淨意公以前為了改命修福，做得多好，敬惜字紙、印經、放生、結文昌社、勸人戒淫，結果他自己還是潦倒不得志，而且幾個兒女都夭折了，妻子的眼睛也因為傷心而哭瞎掉了，果報那麼差。好在最後感得灶神來示現，給他開示，指明他之所以果報那麼差都是因為意惡太重，他的意惡很多也都是從眼睛裏流露出來的。灶神就說了：「你雖無邪淫的事實，卻常有邪淫之心，見到人家的女子貌美，就目不轉睛地盯著看，心神蕩漾，難以排遣，想入非非。」這就說明如果眼睛不安分，就是心不安分，也會有不好的果報，所以一定要注意眼神不要東張西望的，要低垂守定。你看周朝三太（太姜、太妊、太姒），她們的德行多好，尤其是周文王的母親太妊，她在懷孕的時候就守住三個原則，口不出傲言，耳不聽淫聲，目不視惡色。惡色就是那些亂七八糟的事，比如現在很多人成天盯著電腦上的色情網站，這也是惡色，這眼神也放錯了。所以說看住眼睛很重要，一定要學會善用我們的眼睛。

✽做好家務是為自己積福報

最後跟大家分享一下婦功。《婦行篇》裏講：「專心紡績，不好戲笑，潔齊酒食，以奉賓客，是謂婦功。」意思就是，要專心紡紗織布，不要嬉戲亂開玩笑，要會做潔淨豐富可口的酒菜，這樣有賓客來時才能招待周到。這裏強調的是做事要專心。

現代的女子，大都有自己的工作與一技之長了，紡紗織布已經不大需要我們去做了，需要去專心做好的是我們的職場工作。另外，家務事、做飯之類的也還需要我們專心去做好，為家人服務，這也是為我們自己在累積福報。比如我自己，一嫁到婆家就要做飯，尤其是年夜飯，從來都是我做。記得我結婚第一年的第一個春節，沒想到年夜飯的重任就落在了我身上，我婆婆只跟我交代了一句：「今年年三十的年夜飯你來做，我們家的年夜飯從來都是八菜一湯。」我也不敢說我不會，也不敢說不做，就拿了一個本子琢磨著寫了八個菜和一個番茄蛋湯，寫完後先拿給我婆婆看行不行。我婆婆說：「行，你去弄吧。」然後我一個人就進廚房了。我兩個大姑姐和她們的丈夫、孩子、我先生、我公公、我婆婆他們就都在屋裏看電視，我一個人就在廚房工作。那時候年紀還小，才二十二、三歲，以前在家裏又從來沒有獨自操持過年夜飯，就手忙腳亂的，剁魚的時候就把手給弄出血了，出來偷偷地找個紗布給纏上了，還不敢說。好不容易炒的炒、煎的煎、燉的燉，八菜一湯給做出來了，做出來之後都擺到桌上，請公公婆婆都上桌吃飯，然後我就跑到洗手間，就哭了。哭什麼呢，其實就是很想家，若在家裏這些事都不用我做（我娘家的家族也比較大，過年的時候主要都是我的姑姑嬸嬸她們做飯和做家務）。然後我先生就跑到洗手間敲門，我不想讓他看到我在哭，就趕緊把眼淚擦了，他說你怎麼在這裏面待這麼半天呢，我說我洗洗手。然後他還是看出來我哭過了，他說你怎麼了，我也不敢多說，就只說有點想家，因為從來沒在外面過過年。我先生他就是比較了解我，吃過中飯後，他就把他兩個姐姐都找過來了，說：「晚飯你們要和靜瑜一起來做，又要炒菜，又要弄餃子什麼的，她一個人弄不過來。」那我兩個大姑姐這才過來幫我做了。這個慣例從此就延續下來了，一直到今天，他們家的年夜飯也都是我做，但現在就很駕輕就熟了，別說八菜一湯，十八菜一湯也沒有問題了。

很多人都說我福報大，其實我非常感恩我的婆婆和所有的婆家人，我覺得都是他們幫我把這些福報累積出來的，因為是他們才讓我有了布施的機會。比如只要大家一聚會，肯定是我做飯做菜，或者大家只要一出去吃飯，肯定也是我買單，一直都是這樣子，大家都習慣了，我也不以為意。

婦功，簡單點說，其實也就是要會做家務事。有人說家務可以找保姆，但是我用保姆用過很多年，我覺得家不像家。自從保姆走了以後，這半年都是我自己做家務，我覺得家像家了。所以我就在我們社區裏號召，能自己做的盡量自己做，不要勞煩保姆，很多事情保姆根本就做不好。因為以我們的德行也無法管教好現在的保姆，會出現很多矛盾與不愉快。家務活主要也就是洗衣、做飯、打掃衛生，看似簡單，可真正要做好，沒有好的婦功那肯定是不行的。好的婦功行出來，肯定積德積福；沒有好的婦功，必定損德損福。

所以說，身為女子，一定要學好婦行四德，這樣才可以成就我們的一生。因為學好婦行四德，實際上就是給自己的生活都種下好的因，把這四個好的因種好了，就會有好的果。就像桌子有了四個穩穩紮紮的腿一樣，這個桌面就能托得穩。就有了造家之福，福報就會由此而生，該有錢有錢，該有勢有勢，該有好先生有好先生，該有好兒女有好兒女。

陸：專心篇

常懷恭敬心

【專心第五】

《禮》，夫有再娶之義，婦無二適之文，故曰夫者天也。天固不可逃，夫固不可離也。行違神祇，天則罰之；禮義有愆，夫則薄之。故《女憲》曰：「得意一人，是謂永畢；失意一人，是謂永訖。」由斯言之，夫不可不求其心。然所求者，亦非謂佞媚苟親也，固莫若專心正色。禮義居潔，耳無塗聽，目無邪視，出無冶容，入無廢飾，無聚會群輩，無看視門戶，此則謂專心正色矣。若夫動靜輕脫，視聽陝輸，入則亂發壞形，出則窈窕作態，說所不當道，觀所不當視，此謂不能專心正色矣。

【譯白】

《禮》書上說，丈夫沒有了妻子就沒有人輔助祭祀及為他養兒育女傳宗接代，所以不得不再娶，而婦人的道義應當是從一而終，沒有再嫁的說法，所以說，丈夫是妻子的天。天是不可以隨便逃離的，丈夫也是不可以隨便離開的。一個女子，如果違背了天道（倫理道德），上天就會懲罰她；如果在禮義上有過錯，丈夫就會輕薄怠慢她。所以《女憲》裏說：「一個女子，只要得到丈夫的心意，可以說就能一生完滿；如果失去丈夫的心意，可以說一生的完滿就等於斷送了。」由此說來，一個女人不可不得到丈夫的歡心。但要求得丈夫發自內心的愛與尊重，並不是說要花言巧語地諂媚去苟取歡愛，而是只要專一其心、端正其色。執守禮義，舉止端潔，耳朵不要去聽不該聽的（非禮勿聽），眼睛不要去看不該看的（非禮勿視），出門時不要打扮得妖冶豔媚，在家時衣著打扮要整潔得體（不要穿得邋裏邋遢破破爛爛的），沒事不要隨隨便便和朋友聚會嬉鬧，也不要在門口東張西望的，這就叫作專心正色。如果舉止輕佻心浮氣躁，目光遊移心神不定，在家時披頭散髮蓬頭垢面的，出門時卻濃妝豔抹窈窕作態，說不該說的（非禮而言），看不該看的（非禮而視），這就叫作不能專心正色。

＊婚姻是一門學問

《女誡》的第五篇，是專心篇，開頭就說：「《禮》，夫有再娶之義，婦無二適之文，故曰夫者天也。天固不可逃，夫固不可離也。」

對此觀點，現代很多人都想不通，視之為封建社會壓迫女性的毒草，包括我自己開始也很不理解，你說現代社會離婚率這麼高，女人離婚了就不能再嫁，這怎麼行得通呢？後來我請教了一個大德，他就跟我講：首先要搞明白禮是什麼。《曲禮》中的禮，就是勿不敬。婚姻裏面，一個女子，你的心中是不是常懷恭敬？你要是常有一個恭敬心，問題不是出在你這邊，是你的先生執意要離婚，可以，恒順他。離婚之後，要以撫養好孩子為重，這是女人的大任，女人要先把自己的使命搞清楚。聽這個大德這麼一開示，我忽然有一點就明白了，現代社會之所以亂象叢生、離婚率持續增高，其中的一個原因，就是很多女人的心亂了，不知道專心了，也不知道恭敬了，更不知道自己的責任與使命了。我的親戚朋友裏面，就有很多這樣的例子。

比如，我的一個女親戚，結婚大概十幾年了，總是看她先生不好的地方，然後總是數落她先生：木訥啦，沒有情趣啦，不懂得送一些小禮物啦，生活中的一些細節上不會照料人啦，等等。結果這個女親戚就有了婚外情，因為剛交往的時候，那個男士表現得十分殷勤，她就覺得那個人比她的先生要好，就執意要離婚。我跟我先生就去她家裏勸解，當年我才二十六七歲，她那個女兒當年只有大概兩三歲。去她家裏後，她跟她先生就在那兒寫離婚協議書，然後一直吵架，講一些財產和孩子的事。那個小女兒挺聰明的，就一直哭著說：「我要媽媽，也要爸爸，你們別吵了。」我這個人心挺軟的，就跟我先生說：「你勸吧，我受不了了，我得出去。」一出去之後，一路上我就哭著回家了。後來他們真的離婚了，小女孩判給了媽媽，但是她心底一直很想念爸爸，可是因為她的媽媽再婚了，她就沒辦法經常看到親爸爸了。現在這個小女孩已經長大了，大概十三四歲了，有時候她到我們家，看見我兒子，就會特別感傷地說：「哎呀，你看他們多好啊，有自己的親爸爸親媽媽。」每次聽到她這個話，我心裏都很難受，因為我覺得她幼小的心靈受到的傷害最大。當然我也認識他們家的老人，他們的父母當年受到的打擊也特別大，孩子的外婆一年之內背都駝了，感覺一下子衰老了很多。後來，我還問過這個女親戚，我問她：「你覺得離婚之後你幸福嗎？」她搖搖頭，沒有回答。我就想，婚姻不是兒戲，一旦進入婚姻殿堂、有了孩子後，首先想到的應該是責任，不應該是那些談戀愛期間的兒女情長、卿卿我我的事情了。因為婚姻不只是夫婦兩個人的事，它還涉及子孫後代，還涉及雙方的父母和家族。

我還有一個女朋友，她的先生在外面有外遇，然後她先生都承認錯誤懺悔了，她就是不原諒。當時我還勸過她：「人總會犯錯誤的，浪子回頭金不換。」但是這位大姐很剛強，堅絕不原諒，最終兩個人也是離婚了。她也是有一個女兒，這個孩子的心靈也受到了傷害，一路也是很痛苦地長大了。因為她第一個丈夫不想離婚，但是她堅決要離，他離婚後不想留在傷心之地，就離鄉背井到外地去了，這個孩子一到放假就要揹個小包，到外地去看她的父親，要開學了再回來。我覺得挺可憐的。後來這個女朋友的生活也不是很幸福，應該說更不幸福，又結婚，又離婚，到現在婚姻還是不定，已經五十多歲了。所以說，婚姻的問題，不是我們離開這個男人就能找到更好的，而是這個男人你都沒有弄好，你說你怎麼能保證下一個你就能夠弄好呢？其實婚姻也是一門學問，真的是得專心，一門深入地長期薰修，才能薰習明白，真薰明白了，你也就不想離了。

上面這些悲劇的例子，都是因為女人不知道專心了，也不知道恭敬了，更不知道自己的責任了，特別是不知道撫養好孩子是自己的首要責任了。所以說，專心，對自己的丈夫一心一意，是婚姻成功的一個總要。

*什麼是正確的專心正色

但是這個專心和一心一意，還要把握一個準則，把握不好會弄巧成拙。比如，有的女人太鬧了，男的在外面專心致志地拼事業，女的在家裏閒得沒事，也沒什麼信仰和愛好，全部注意力就都聚集在男人身上，一個小時一個電話，兩小時再問一下行程，然後再親自到他辦公室去視察一下，把男人看管得簡直要窒息了。這個不叫專心，這個叫神經質。有個電視劇叫《中國式離婚》，裏面蔣雯麗演的那個女主角就是這樣對他先生的，最後就離婚了。電視劇最後一集，女主角她自己總結説，男人就像手裏的沙子，你握得越緊沙子漏得越多，你輕輕鬆鬆地握著它就不會漏那麼多。所以，這個準則我們一定要把握好。

那怎樣才是正確的專心呢？《女誡》裏有明確的答案：「禮義居潔，耳無塗聽，目無邪視，出無冶容，入無廢飾，無聚會群輩，無看視門戶，此則謂專心正色矣。」意思就是説：執守禮義，舉止端潔，耳朵不要去聽不該聽的，眼睛不要去看不該看的，出門時不要打扮得妖冶豔媚，在家時衣著打扮要整潔得體（不要穿得邋裏邋遢破破爛爛的），沒事不要隨隨便便和朋友聚會嬉鬧，也不要在門口東張西望的，能做到這七點就是專心正色了。其實這七點，在前面講《婦行篇》的時候，很多都已經提到過了，現在再挑重點的跟大家分享一下。

第一點，禮義居潔，意思就是要守禮義存純潔。《女誡》開頭的《夫婦篇》，就講到了夫妻之間「禮義不可不存」。禮就是《曲禮》裏的勿不敬，就是要有恭敬心。義就是「關雎之義」，意思就是要像關雎鳥那樣對配偶專一而忠貞不渝，也就是要貞潔。這些道理其實都很好懂，關鍵是弄懂一樣就要去做到一樣。你做到了，就得到了，得到了，你就有受用，有受用，你就會歡喜，就會有那種「學而時習之，不亦説乎」的喜悦心。所以，就我自己來講，婚姻的幸福和喜悦感，是在學習傳統文化和女德之後才真正開始體會到的。之前很多事情，也沒想那麼多，反正就是人家都這麼過，自己也就這麼過好了，有時候不滿意，也不願意去多想，稀裏糊塗的日子一天天就消耗掉了。但是現在把心沉下來，專心修學女德之後，反而品到了婚姻生活裏的很多歡喜和快樂。

比如説，我先生他平時很忙回家比較晚，回家之後他一般都要打開電腦下一會兒象棋，那我就會在他書房先把水果、牛奶、茶、點心什麼的都給他準備好，然後再把洗腳水什麼的都給他準備好（那個洗腳盆是可以設定時間和溫度的，隨便他什麼時候泡腳）。有一次我疏漏了，因為太忙，忘了給他拿洗腳巾了，凌晨三點多鐘，我起床後上樓去看他，他還在那兒玩下象棋，兩個腳丫子就蹺在桌子上。他看看我，我第一感覺就是忘了拿洗腳巾了，於是趕緊道歉説：「對不起，洗腳巾忘拿了。」他説：「對，我已經晾乾了。」我説：「真是不好意思，這次疏忽了，下次一定都給你準備好。」做這些事情的時候，我一點都不覺得自己卑賤，我就是真的很歡喜很高興地去為他做這些的，但是沒想到，做完這些後能得到意外的回報。我先生以前是一個非常大男子主義的人，一點都不會注意生活上的一些細節，從不會主動送我禮物什麼的，但就在今年夏天，我無意間說了一句：「咱們家都是大扇子，我這手很小，怎麼沒有小扇子？」我就這麼隨口說了一句，結果第二天，在我那個床頭櫃上就放著一把杭州的絲綢小檀香扇。我就在那兒看，咦，這怎麼有把小扇子呢，然後我就拿著那小扇子到處搧，還挺喜歡的。後來我先生就問我：「那個小扇子你喜不喜歡？是我買給你的。」我就特別感動，可能這把扇子也不值幾個錢，但是它代表了一種愛的回報。

所以說，一個女人你只要懷著恭敬心去無私地付出，肯定能得到愛的回報。愛，不是索取，而是奉獻。所以，愛一定要一心一意，夫妻這門課更要專一、更得一門深入地長期薰修，你如果不專一，三心二意水性楊花的，那肯定薰不會有什麼好成績來。我跟我先生，我是十三歲認識他的，我們是高中同學，十六歲我考到中國人民大學（他考到吉林大學），二十歲畢業，兩年半後，二十三歲我嫁給他，然後我們倆從結婚一直到現在，一門深入地一直薰陶了十五六年了，中間雖然也有過波折，但是整體來說，過得還可以。所以說，婚姻這門功課，一個女人只要能一心一意地專心學習下去，終究會悟到婚姻的真諦與愛的真諦，那時候就算遇見再複雜棘手的事情，你處理起來也都會水到渠成、迎刃而解了。

第二點，耳無塗聽，就是耳朵不要去聽不該聽的閒話。我個人的經驗體會是，女人特別不容易看住自己的這個耳朵，特別好打聽一些家長里短的是是非非，看見兩三個人在那兒一聚，就不由自主地伸長了耳朵想去聽聽人家在談什麼，這樣特不好。因為耳不聽為淨，耳根不清淨，心就不會清淨，看不住自己的耳朵，就看不住自己的心，那就會遇到很多考驗。

比如，我自己在婚姻生活中也並不都是一帆風順的，我也碰到過考驗，但是好在我都輕鬆地跳過去了。我曾經有一次接到過一個陌生女士的電話，一拿起來就說要找我，我就問她是誰。她就說：「你別管我是誰，跟你說一件事，是關於你先生的，你先生在外面有婚外情了。」然後，她就描述得很詳細，一直說了大概半個小時。我要把電話掛了也不禮貌，只好就離耳朵比較遠地拿著電話，一邊聽她說一邊還在看電腦。說完了後她就問：「你都聽見了嗎？」我說聽見了。她說：「你是陳靜瑜嗎？」我說是啊。她就說：「那你怎麼沒什麼反應，不生氣、不氣憤呢？」我就說：「我很感謝你，那我用不用請你吃飯啊？」她說：「那就不用了，你好好注意一下你先生吧。」後來她就把電話掛了，然後我也沒當回事，等我先生回家後，我就當玩笑似的跟他說了。我先生說：「不要理她，因為有一些生意上的事情，她故意來挑撥你的。」我先生是做企業的，生意也做得挺大的，既然他這樣說，那我就相信他了。

其實不單是這一件事，還有一件事。我在懷孕期間挺著大肚子的時候，不是電話，是收到了一封電子郵件，很長的一封信，也是講我先生怎麼樣有婚外情了。當時收到這個郵件後，我也沒有什麼很生氣的反應，就用光碟拷貝下來了。當時我媽在我家幫我做飯，我就跟我媽說：「我出去一趟，一會兒就回來。」然後我就叫了個計程車去了我先生辦公室，就把那個光碟給他了。我說：「這有個東西，你看一下。」我先生就把光碟插到電腦裏看了，看完之後，第一句話就很氣憤地說：「胡說八道！」那我就說：「既然是胡說八道，留著也沒什麼用，那你就刪了吧。」說完之後，我這就要走。我先生說：「你別走，對你會不會有什麼影響？」他怕對我懷孕有影響，我說沒有什麼影響。我的確是沒受到什麼影響，但是卻把我先生氣得不行，晚上回家還很生氣。我就勸他說：「既然是沒什麼影子的事，你就沒必要生氣了。我只是去問你一下，你要說有，我們就商量一下有的解決辦法，你說沒有，沒有就算了嘛。」

所以結婚十多年，我就碰到過兩次這樣的考驗。很多人可能會很好奇，為什麼我會有這麼好的心態？因為我從結婚那一天起，就一直堅持一個原則，只要是我先生沒有親口對我說他有婚外情，那我就堅信他對我是一心一意的。如果是真出現什麼問題了，那我就要先反省反省自己，行有不得當反求諸己嘛，因為咱也都是第一次結婚，肯定是要在不斷的反省中才能成長的。可能很多人會覺得我有點傻，但我覺得傻人自有傻福，因為反正至少目前為止，我先生在外面都沒有鬧出過什麼事情。所以說，女人千萬不要耳朵根子太軟，什麼話都聽，一有點什麼閒言碎語，聽風就是雨的，然後就捕風捉影地去自尋煩惱。

除了閒言碎語不要去聽外，那些低俗的流行歌曲，我覺得最好也不要去聽。現在很多女孩子都癡迷流行音樂，尤其是八〇後、九〇後的女孩子們，MP3都不離耳，我覺得少聽為好。因為現在的流行歌曲，很多歌詞都很庸俗，聽來聽去，無非都是一些卿卿我我、兒女情長的無病呻吟，助長人的情執與邪淫心，磁場很不好，越聽越低沉萎靡，把自己的心情搞得很差，好像活著的意義就是為了愛得死去活來的，非常的庸俗，浪費時間、浪費青春。在古代，雅樂被視為正聲，這些靡靡之音的俗樂都被視為淫聲，是不入流的。所以，流行歌曲我們要少聽，多聽聖賢的教誨，多學習學習女德，才能得到真實永久的幸福。

第三點，目無邪視，就是眼睛不要去看不該看的。什麼是不該看的呢？會引起邪思邪念的，都是不該看的。在前面談婦容的時候，我提到過要目不視惡色，特別是不要去看那些色情網站，因為那屬於邪淫與意惡，會有不好的果報。除了不能看邪淫的網站，邪淫的書刊包括影視也不要看。《弟子規》裏說「非聖書，摒勿視，蔽心志，壞聰明」，意思就是說，那些與成聖成賢無關的書，不要去看，因為它會把你的心志障蔽住、把你聰靈光明的本性破壞掉。這一點我很認同。

第四點，出無冶容，就是出門時不要濃妝豔抹的過分地裝飾自己。這點在前面講婦容時也提到過了，女性冶容最大的問題，是容易引起邪淫心，也就是冶容誨淫。古代戒邪淫的書，男性的案例佔了大半，因為那個時候女性還比較守規矩，但是現代社會，女性的邪淫問題已經不亞於男性了。有句老話叫「男追女隔層山，女追男隔層紗」，意思就是男人要想勾引女人很不容易，就像是隔著一層山似的需要費力攀登，但是女人要想勾引男人卻是輕而易舉，就像隔了一層紗似的輕輕一捅就破了。所以，女人要是輕佻不正派，邪淫心熾盛，都投懷送抱的，那這個社會真的就會亂透了，現在就是這樣。

第五點，入無廢飾，意思就是回到家以後一定要注意個人形象，穿著打扮不要太隨便，不要穿得隨隨便便、邋裏邋遢的。這一點在前面《婦行篇》裏講婦容時也已經提到過了，現在《專心篇》裏又提到，可見在家時的穿著打扮真的很重要。反正我這個人，是一向比較愛乾淨整潔的。以前上大學時，我們班女同學最歡喜我晚上在宿舍看書了，因為只要我在宿舍看書，我就會把宿舍裏大掃除一遍，把地拖得乾乾淨淨的，把開水煮好，然後再開始看書。現在我在家裏也是這樣，我不一定會穿得很奢華和珠光寶氣，但是一定會穿得很整潔得體。所以在懷我二兒子的時候，我大兒子說了一句話給我印象特別深刻。他說：「媽媽，你現在也是我心目中的白雪公主，只是你的肚子大了一點。」我就說：「等弟弟出來了，媽媽的肚子就回去了。」愛美之心人皆有之，一個人打扮得清爽乾淨一點，自己會覺得有一種積極向上的心態，也會給身邊的人一種很積極向上的感覺。如果總邋裏邋遢的，就會給人很頹廢、甚至日子過不下去的那種感覺。所以說，就算不是為自己，也為為別人，在家裏真的不要穿得太隨便邋遢。

第六點，無聚會群輩，意思就是說，沒事不要隨便和別人相約聚會。這一點非常重要，現代社會，消費發達，娛樂發達，很多女性沒事就都喜歡出去大伙聚會，吃吃飯、喝喝茶、泡泡酒吧、唱唱卡拉OK什麼的，很多女孩子一去泡吧或者K歌就夜不歸宿，特別不好。很多古代的教女遺訓，都是建議女子要盡量少外出，它有很深的道理。因為女人不像男人有主意能定住，女人的耳根子特別軟，特別經不起誘惑。通常人家一說這個，她覺得有道理，就跟過去了，然後人家一說那個，她覺得也有道理，就又跟過去了。這樣就會很容易受到一些不良影響，破壞自己的心志和德行。

我是一向比較喜歡老實在家待著的，可能也是被我先生訓練的吧，因為我交的朋友，我先生一定都要看的。比如我跟幸福老師學佛，我先生他就也會去見幸福老師，他同意了，那我就跟幸福老師學。又比如，我在沒結婚之前有兩個女友，有一個對我特別好，但她就是私生活上不檢點，所以後來也是離婚又結婚的，那我先生很早就讓我斷交。他說：「這個人你就沒有必要再跟她繼續交往下去了，你跟她學會走到邪道上去的。」我說：「可是她對我很好啊。」他說：「好不好不重要，關鍵是她對你的影響，才是最重要的。」後來我學習傳統文化了，看到《弟子規》裏說「多親仁，無限好，德日進，過日少」，我才感覺我先生他是英明的。所以說，在我們自己還沒有能力分辨誰是仁者誰是惡者的時候，最好還是不要輕易出去亂交朋友，亂相約聚會。

在我們公司也是的，我從來不建議女員工跟男客戶出去吃飯公關什麼的。我覺得她們的重點不是賺多少錢，而是有一個好的德行將來能找到一個配得上她們的好男人。所以我經常跟她們說：「現在的社會很亂，如果我為了生意和錢讓你們出去公關，隨便讓你們出去見這個男客戶、見那個男客戶，萬一出什麼問題了，我沒法跟你們的父母交代。你們要是覺得我這個老闆有問題，你們就換一家公司。」因為曾經發生過這樣一件事情，我們公司有一個很漂亮的二十多歲的小女員工，有一次公司的一個年紀比較大的男客戶，偶然地就跟我說：「你們公司的這個小女孩，去過我家裏，看過我收藏的那些錢幣。」當時他無意地這麼一說，我心裏就嚇了一跳。因為這個女孩子她媽媽把她送到我們公司的時候，曾經千叮嚀萬囑咐地跟我說：「我把女兒交給你了，請你好好培養她，我就這麼一個女兒。」那天下班後，我就把這個小女孩留下來了。我說：「你怎麼下了班不回家，跑到人家男客戶家裏去了呢？」她說：「這個客戶很有錢，收藏了很多錢幣，他邀請我去參觀參觀，我就去了。」我說：「你幸虧沒出什麼事，萬一你要出了什麼事，我怎麼跟你媽媽交代呢？以後碰見這樣的事情，不論客戶怎麼說怎麼邀請，你都不能去，絕對不能去，這是一個基本原則。就算只是去參觀他的錢幣，你說這一男一女共處一室，就算沒什麼事，可要是萬一傳出去了，也許就會成為你德行上的一個汙點，以後談戀愛，好男人可能就不敢找你了。」因為我當時很嚴肅，她就跟我保證說：「陳總，我以後再不會有這種事了。」後來，這個小女孩真的就再也沒有跟男客戶單獨出去過。她一直在我們公司上班，直到現在。

現在的社會真的很亂，年輕女孩真的不能隨隨便便出去參加什麼聚會，很容易出事情的。我認識的一個女孩子，她就因為這個出過事。她長得很漂亮，個子高高的，是學幼師的，她的一個女同學跟她一樣，長得也很漂亮，也是個子高高的。十八歲的那一年，她還沒有從幼師學校畢業，就跟著她的這個女同學在外面認識了一些社會上的人。有一次，這個社會上的人就來跟她同學説，有一桌生意場上的飯局，需要找兩個年輕貌美的女孩子去陪一下，能不能就請她們兩個去陪一下。她們覺得好玩，就去了，因為年輕人都想看看外面的社會是什麼樣、有錢人是什麼樣。去了之後，我認識的這個女孩子，好在她家的家教還不錯，喝酒喝了不到一杯，她就發現不對勁，因為她覺得很暈。她就想我喝這麼一點酒不應該這麼暈，她就趕緊很堅決地要回去，怎麼攔也攔不住，人家沒辦法，就叫車把她先送回去了。結果後來好長一段時間，她都見不著這個女同學，等再見到這個女同學的時候才知道，那天晚上她們倆喝的那個酒真有問題，這個女同學後來就喝暈迷了，然後就被那幾個男的拉去睡覺了，後來就墮胎了，身心受到了極大的摧殘。這個女孩子後來在跟我講這件事的時候，因為仍然恐懼，她哭得連手都在顫抖。你看，這不就屬於聚會群輩嘛，你説不熟不悉的，就因為覺得好奇，或者覺得羨慕，或者是覺得好玩，你就去參加了，最後可能把一生都毀掉了。

第七點，無看視門戶，意思就是沒事不要在門口探頭探腦、東張西望的。不要在屋子的門口張望，這一點好像並不難做到，但是我覺得如何把自己的心門看管住，這才是最難和最重要的。如果你人在家裏，一顆心卻在外面，或者你人在家裏，一顆心卻在網絡上跟別的男人勾搭，這都是沒有看管好自己的心門，都是不專心。要想看管好自己的心門，就需要學會格物自己、學會跟各種騷動的欲望做抗衡，把自己那種向外攀的浮躁的心給定下來，治住它。人最大的敵人是自己，能夠戰勝自己、降服自己的人才是最偉大的。

學習和弘揚傳統文化以來，我碰到過好多女性都有婚外情，很多人都不止一次，都是好像覺得結婚之後沒什麼激情了，感情上比較寂寞，然後出去找一下寄託，獲得一種暫時的刺激。這次來香港前兩天，我去邯鄲參加傳統文化的論壇，完了，當地的宣傳部長就請我去廣播電台做一檔「心靈有約」節目的嘉賓。主持人把郵箱打開給我看，裏頭有上萬封的郵件，全是情感和婚姻問題的，寫信的大多數是女性聽眾，都是訴說自己怎麼怎麼寂寞啊抑鬱啊什麼的，這些讓我很震撼，沒想到現在心理有問題的女性這麼多。其實之所以會覺得寂寞，都是因為心靈空虛，為什麼空虛呢，因為把精力都放在一些流俗、沒意義的事情上了。你說你要像劉甦老師那樣，每天就想著怎麼樣做善事，每天都過得很充實很快樂，怎麼會有時間空虛呢？所以，我倡議女性要有一個信仰，不管信什麼，只要你能透過實際行動不停地去實踐你的信仰，你就不會覺得空虛和寂寞了。如果天下的女子，不論是未婚的還是已婚的，都能嚴守貞潔，對婚外情避而遠之，那麼男人們就是再壞再花心，也找不到對象了，天下不就太平了嘛。所以說，女人是世界的源頭，源頭清，世界就清；源頭濁，世界就濁。現在的世界之所以世風日下、渾濁不堪，就是因為好女人越來越少了，所以壞男人越來越多了（妻賢夫禍少），所以世界越來越亂了，天災人禍也越來越多了。

以上這七點，一個女人如果真的都能守住，做到執守禮義和專心正色，絕不會得不到丈夫的敬重與信賴。所以，《專心篇》說：「行違神祇，天則罰之；禮義有愆，夫則薄之。故《女憲》曰：『得意一人，是謂永畢；失意一人，是謂永訖。』由斯言之，夫不可不求其心。然所求者，亦非謂佞媚苟親也，固莫若專心正色。」班昭在這裏說得很明白了，一個女人，只要你能始終做到「專一其心，端正其色」，就能得到丈夫的心。如果你沒有得到丈夫的心，那肯定是你自己在禮義與德行上還沒有做到位。如果你真的都做到位很完美了，人心都是肉長的，丈夫不可能不被你感動的。如果你自己身為女人，卻三心二意水性楊花的，就算你長得漂亮特別吸引男人或者特別能搶別人的丈夫，能不停地結婚離婚，可是物以類聚，憑你這樣邪淫深重的德行，能感召到一個德行好的賢夫嗎？

＊邪淫之心不可有

在這裏特別提醒一下有邪淫問題的女性朋友，你有必要考慮到這幾點：第一，你的邪淫，冥冥之中一定會影響到你的家庭。不管你的先生知不知道，你的家庭一定不會很和諧幸福。第二，你的邪淫，冥冥之中一定會影響到你的孩子。第三，你的邪淫，冥冥之中一定會影響到你的身心健康，因為邪淫之後難免會出現墮胎的問題，有一點醫學常識的人都知道，墮胎是最傷身體的了。而且「三精成一毒，專傷不潔女」，就是你如果邪淫超過三個男人，上天會懲罰你這種不貞潔的女人——「行違神祇，天則罰之」，輕的可能是盆腔炎、子宮炎、不孕不育什麼的，重的可能就會是宮頸糜爛、宮頸癌、卵巢癌、乳腺癌什麼的了。第四，你的邪淫，冥冥之中一定會影響到你的運氣，你的運氣會敗落，會經常遇見倒楣的事。而且錢會越賺越少，因為德為財之根，你把德傷了，財就沒有了。比如，我曾經接到過一個女性朋友的長長的一封郵件，她就是跟過好幾個男人，結過四次婚，越結這個財運越差，到最後舉債度日，透支著信用卡好幾十萬，面臨坐牢的危險。她很困惑地問我說：「我很聰明能幹的啊，為什麼我這個財運這麼差呢？」我當時就很直言不諱地答複她說：「女人要守住貞潔，跟定一個男人，財就有了。你換來換去、折騰來折騰去的，福報都被你折騰光了，所以不會有財的。」第五，如果你還沒有結婚，如果你屢犯邪淫，你一定很難嫁到一個如意的好丈夫。第六，如果你邪淫深重而不知悔過，一定會削福削壽，且遲早必有災殃。

其實，不光是女人邪淫會有這樣的果報，男人也一樣。因為人非禽獸，邪淫苟歡最傷身傷德、最傷風敗俗、最汙染天地間的正氣，故天地難容。所以說：「天道禍淫，其報甚速。人之不畏，夢夢無知。」比如，原某工商局局長黎某，歷年被評為優秀黨員的正處級幹部，有婦之夫，才五十二歲，二〇一〇年八月公費出國旅遊，回國後沒幾日，有一天半夜竟然猝死在了一個二十多歲女子的床上，是這個涉事女子凌晨報的案。大家看看，堂堂的一個局長，就因為邪淫，就這樣忽然死掉了。所以說，縱欲貪淫是一切禍孽的根源，真的害人不淺。自古以來，皇帝的福氣最大了，卻往往因為縱欲貪淫，而無法長壽。

既然邪淫的果報如此慘重，那怎麼斷掉邪淫呢？多看戒淫的書，斷掉外緣，把家裏情色方面的書和光碟全部燒毀清理掉。多看聖賢書，多學習倫理道德，自己身上的正氣一點點樹起來了，邪氣就沾染不上了。特別是女人，一定要有正氣，要貞潔正派。女人要是都正派了，那這個社會的風氣也就正了。

淫心重的女人，不要貪吃，貪吃會加重欲望。也不要貪睡，因為從中醫學的角度講，睡得太多起得太遲，體內虛火旺動，就容易起邪念然後墮於淫欲心。所以《女誡》第一篇就講到女子要勤快，《女論語》的第四篇就是《早起篇》，都是有很深的道理的。我自己自從修學女德之後，一般是早晨三四點就起床了。

＊你莊重守禮，就不會招惹邪心

《專心篇》最後說：「若夫動靜輕脫，視聽陝輸，入則亂發壞形，出則窈窕作態，說所不當道，觀所不當視，此謂不能專心正色矣。」意思就是，如果舉止輕佻心浮氣躁，目光游移心神不定，在家披頭散髮蓬頭垢面的，出門卻濃妝豔抹窈窕作態，說不該說的，看不該看的，這都是不能專心正色。

一個女人的言談舉止一定不能輕佻，不要輕易跟異性出去單獨接觸。未婚前要特別注意，已婚後更要特別注意，一定要穩重，要嚴守住貞潔，不要給別人留下任何把柄，以免日後影響自己的名聲、家庭的聲譽甚至孩子的未來。因為我們總不希望自己的孩子將來聽到別人議論說他的母親道德很敗壞、很不正經，那是很羞恥的事。

要想做到專心，千萬不能在家時披頭散髮蓬頭垢面、出門時濃妝豔抹窈窕作態。班昭在這裏又重複強調了一遍，不能入則廢飾而出則冶容——也就是窈窕作態。這裏的「窈窕」，不是《詩經》裏「窈窕淑女」的溫柔美好的意思，而是妖冶和嬌媚做作的意思。溫柔和嬌媚是兩個概念，溫柔是指溫婉柔和，而不是嗲媚甜膩。比如有的女性為了討好男人，特別喜歡撒嬌發嗲，說話甜膩膩的，恨不得把男人給化掉。我先生就曾經跟我說過，有的女人一說話，他覺得渾身都被黏住了，感覺特別地做作膩味，非常別扭。所以說，一個女人的言談舉止一定要莊重，這樣才有威儀。你自己沒有威儀，輕浮做作，種下了誘發邪淫的這個因，勢必會招惹上那些不正經的男人，到時候被玩弄吃虧上當、哭天搶地的是你自己。我相信，如果每一個女子都很莊重守禮，肯定不會招惹到那些男人的邪淫心。

*不要隨隨便便就說離婚

要想做到專心，千萬不要嘴巴隨便亂說、眼睛隨便亂看。比如，我身邊有一個女朋友，總是抱怨先生的缺點，三天兩頭地動不動就跟他先生說要離婚。那我就勸她：「這個離婚的話不能總說，總說就真的容易變成事實。就像工作，如果你三天兩頭地跟老闆說你不想幹了，那這個老闆就是有重要的工作他也不敢交給你了。你總提離婚，你先生的心就總吊著，他能全心全意地對你嗎？」她說：「那有時候我特生氣，看見他我真過不去。」我就說：「生氣時你可以轉移一下注意力，比如說去逛逛商店什麼的，要麼你就轉念，平下心來想想他對你的好。比如你加班晚了，他到路邊接你回家，你回家之後發發牢騷發洩一下工作中的不滿，他靜靜地聽你訴說。你要真離婚了，自己守著空房子，誰來聽啊？你這麼大歲數了，也不是年輕漂亮的小姑娘了，五十來歲了，真的離婚後，誰還會跟你真心實意地過一生啊？」我一番話說完了後，她就比較平靜了，說：「對，這個離婚的話不能隨口就說了。」所以說，女人一定要冷靜淡定，不要總說些不好聽的傷感情的話。

另外，在別人感情上出現問題的時候，作為朋友，可千萬別火上澆油地說：「算了，你就離吧。」你如果做不到雪中送炭，但是至少別火上澆油。你這一句順口的話，你自己不覺得怎麼樣，可能真的就是會推波助瀾地幫助這個家庭分崩離析了。有一句老話叫「寧拆一座廟，不毀一樁親」，勸別人拆散家庭，這個是不積口德，造惡業的，很不好。俗話說，口為禍福之門，所以，特別不能隨便亂說話，稍不注意，可能就會埋下災禍。

我們的生活，我們的婚姻，大的問題，大的痛苦，都不是最後一下子就出現的，都是平時沒有看好自己的心、自己的耳朵、自己的嘴巴、自己的眼睛，然後從小事上一點一滴造作累積出來的。所以，《女誡》裏這一條條的瑣細的誡律，其實是智者班昭因為怕我們出問題，從一點一滴的小事教導我們如何防微杜漸，防止我們慢慢地墮入最後的痛苦深淵。

所以，仔細品味，你會發覺班昭的《女誡》表面看上去是束縛女性的，其實骨子裏是保護和挽救女性的。況且《女誡》中很多引經據典的觀點也並不是班昭自創的，而是古聖先賢的教誨，是我們智慧的祖先防止子孫後代出問題，從一點一滴的小事教導我們如何防微杜漸。所以，《女誡》裏一條條細碎的誡律其實是字字珠璣，有慧根的女子學進去了之後，會越學越快樂，越學越感覺找到了讓生活幸福美滿的鑰匙，真的會覺得獲得了一生的無價之寶。

柒：曲從篇

婆婆也是媽

【曲從第六】

夫「得意一人，是謂永畢；失意一人，是謂永訖」，欲人定志專心之言也。舅姑之心，豈當可失哉？物有以恩自離者，亦有以義自破者也。夫雖云愛，舅姑云非，此所謂以義自破者也。然則舅姑之心奈何？固莫尚於曲從矣。姑云不，爾而是，固宜從令；姑云是，爾而非，猶宜順命。勿得違戾是非，爭分曲直。此則所謂曲從矣。故《女憲》曰：「婦如影響，焉不可賞！」

【譯白】

說「一個女子，只要得到丈夫的心意，可以說就能一生完滿；如果失去丈夫的心意，可以說一生的完滿就等於斷送了」，這是讓女人務必要定志專心的勸誡之言。丈夫的心固然不能失去，那公婆的心難道就可以失去嗎？有的夫妻關係是因為恩愛出了問題而自動分離的，也有的夫妻感情是因為道義出了問題而自動破裂的。一個女人如果只能得到丈夫的喜愛，卻得不到公婆的認可，這就會因為道義問題而導致夫妻感情破裂。那怎麼樣才能得到公婆的歡心呢？最好的方法就是要懂得有智慧地去曲從。婆婆說得不對、沒道理，即便媳婦說得對、有道理，做媳婦的也應當智慧善巧地想辦法去順從聽命；婆婆說得對、有道理，媳婦說得不對、沒道理，做媳婦的更應當去順從聽命。不可以違抗乖戾及爭強好勝地與婆婆爭辯是非曲直（牴觸頂撞），這就是曲從。所以《女憲》裏說：「做媳婦的只要能如影隨形、如響應聲地順從公婆，哪有得不到公婆的讚賞和喜愛的呢！」

＊沒有婆婆哪來你的先生

《女誡》的第六篇，是曲從篇，主要講媳婦應當如何處理好與公婆的關係，尤其是婆媳關係，非常簡短，只有一百六十多個字，但是要全做到卻不容易。

自古以來，婆媳矛盾都是很重要的一個話題，尤其現代人，因為涵養差了，很多婆媳可以說是水火不相容，然後連累丈夫，大家都痛苦不堪。怎樣能化解這種矛盾呢？班昭說得很明白，媳婦只要多多曲從婆婆，就能得到婆婆的歡心，就不會因為婆媳矛盾而傷害破壞到夫妻間的感情。

怎樣正確地理解曲從呢？鐘茂森老師《在修行與生活中》裏做了解答，他說：「曲，不是委屈自己，而是要把自己傲慢的那種習氣給折服下來，然後順從我們的自性。我們的自性是愛，真誠的愛，沒有分別的愛，平等的愛。」

做媳婦的，如果能把婆婆當成自己的媽媽，去真誠地愛她，就不會覺得有什麼委屈了，很多矛盾也都能夠迎刃而解了。但是現在這個社會，好多女子可能都會對此有疑義，婆婆就是婆婆，她怎麼能是媽呢？但我覺得，你如果真正愛你的丈夫，你就會愛你的婆婆。為什麼呢？你想想，能夠把這樣的一個大男人從小到大撫養成人、然後無私地送到你身邊陪伴你一生的這個人是誰？是婆婆！沒有婆婆哪來的你的先生？反正我自己，自從學習傳統文化明白了這點後，心底對婆婆所有的不滿與怨恨，真的就一下子全放下了。因為我知道了：我現在的家庭生活、我所享有的一切、我身邊這個帶給我幸福婚姻生活的男人，他是婆婆養大的，是婆婆生育的。這麼一想，對婆婆的感恩就從心底升起來了。

很多女性剛結婚的時候，仗著丈夫的寵愛，就會對婆婆生起驕慢的心，不會把婆婆放在眼裏，恨不得這個男人全歸自己所有，這種自私自利、嫉妒心控制欲都很強的女人很多。所以，家不和從哪裏開始的？往往都是從新媳婦一進門開始的，她總是在枕邊説一些婆婆長婆婆短的話，令做丈夫的很為難。我就認識這樣的一個朋友，因為她總是在她先生面前説婆婆的不是，她先生又是一個很孝順的兒子，兩邊都不知道該如何擺平，左右為難，於是很鬱悶，結果得了癌症，早早就去世了。所以，古語說要「教婦初來，教兒嬰孩」，就是剛結婚的時候，丈夫一定要懂得如何去教導自己的妻子。比如我，還算比較幸運的，先生非常明理，剛結婚的時候，我剛剛在他耳邊提了一些婆婆的不是，我先生就馬上給打斷了，很嚴厲地跟我說：「第一，你是媳婦，她是婆婆，她是你的長輩，你不可以說婆婆的不是。第二，她是老人，你是孩子，你懂什麼呀？你不可以說老人的不是。第三，你不可以做一個壞樣子，如果以後你自己有兒子怎麼辦？」基於這三點，後來我雖然對婆婆有很多的不滿，但是一直嘴上沒說過。雖然嘴上不說，但是我的面相上不好，經常是我婆婆說我什麼，我就臉一垮，也不說話，一臉的冷漠嚴肅，反正你說你的，我就是左耳聽右耳出不當回事。因為有先生的教導，不敢當面頂撞發洩，所以就擺臉色，婆婆也能感覺到。記得十多年前，有一次過年我父母來看望我婆婆，就問到女兒怎麼樣，我婆婆就說：「這個靜瑜哪都好，就是小臉子。」意思就是我經常臉色不好。

我在學習傳統文化的時候，曾經看過一個古代的故事，印象很深刻。就是說古代有個新媳婦，仗著自己年輕貌美，以及剛結婚丈夫對她比較寵愛，於是就非常驕縱，經常在丈夫面前說婆婆的不是。有一天她就說了：「你媽媽太不好了，我實在是忍受不了了，你得想個辦法。」

她的丈夫很有計謀，就說：「實在不行，我們就把她殺了吧。」媳婦說好啊。丈夫說：「我們不能馬上殺，馬上殺，鄰居一看就知道。因為你平時跟婆婆關係不好，馬上殺掉，他們會懷疑到你。這樣好了，給你一個月的時間，你先什麼事都順著她，對她百依百順的，到處都跟人說婆婆好。先裝一個月，然後人家就不會懷疑你了。」媳婦覺得這招不錯，好吧，先裝一個月吧。裝了一個月之後，丈夫就問她覺得怎麼樣，媳婦就說：「這一個月下來，好像感覺婆婆也沒有那麼不順眼，要不，等一個月再說。」丈夫就說：「那好，你再裝一個月。」於是媳婦又裝了一個月。這個月過去之後，媳婦的心態就變了，她說：「好像婆婆很好，不能殺她。」因為她婆婆也不知道她是裝的，看見媳婦變得那麼孝順，婆婆肯定也會變得很好，境隨心轉嘛，所以媳婦說不要殺婆婆了。結果丈夫忽然臉色大變，拿著菜刀指著她就問：「你聽沒聽過自古以來有兒子殺母親的？」媳婦說：「這個好像沒有聽過。」丈夫又問：「那你聽沒聽過自古以來有丈夫殺妻子的？」媳婦說：「這個有聽過。」丈夫就說：「如果這兩個月你再不悔悟，還是執意要殺我的母親，那我這個刀就會朝向你了。」這個媳婦一聽，幡然悔悟，馬上跪倒在地上磕頭認錯。你看，做丈夫的一定要會教妻子，所以不僅僅是女人要學女德，男人也要學，夫不賢無以馭婦嘛。

*婆媳矛盾在哪裏

我自己結婚十六年，在婆媳關係上也是走過了很多的心路歷程，為什麼跟公婆不能和睦相處？哪些矛盾最不容易做到曲從？我自己總結了下面三點：

第一，生活習慣上的衝突。比如我自己，剛結婚的時候，我以為就我和先生兩個人過小日子，可是不久我公婆因為想念兒子，就來大連和我們一起住了。我先生是我公公老來得子，就這麼一個兒子，所以離不開。好在因為我公公跟我的爺爺是同歲，而我從小就在爺爺奶奶身邊長大的，對爺爺還是很孝順恭敬的，所以就把公公也當爺爺看，住一起就住一起吧。但是兩代人在一起住時間長了，就會有一些生活習慣上的衝突。比如說，我公公他有一個習慣，上廁所小便後他不習慣摁沖水鈕，因為他怕浪費水，那家裏就會有股味兒，一開始我就很看不慣，很生氣。另外，我公公他吃完飯的時候，總是要往飯碗裏吐漱口水，這個我也看不慣，就會很生氣地說他，好在我公公也不在意，他完全把我當成小孩子，因為我們年紀相差真的太多了。

但是，自從開始學習傳統文化以後，對公公的那些習慣，我慢慢也都能容忍了，不再嫌他髒了。比如，有一次吃饅頭，我公公嫌饅頭皮硬，就把饅頭皮都剝下來，然後光吃饅頭心，我就覺得這個饅頭皮扔了很可惜，於是就把他扔掉的饅頭皮拿過來放到自己碗裏都給吃了。當時我公公看到後，眼睛裏就有了眼淚，他就說：「靜瑜，你不要吃了，這個很髒。」我就說：「爸，不髒，這都是人吃的東西，有什麼可髒的。」現在，我是從心底裏真正把公公當成自己的父親去看待的，那我公公他也完全把我當成他自己的女兒了，所以我們的感情很深，尤其是這兩年，隨著年紀的增長，他好像也越來越依賴我了。比如，去年他生病，我照料他的時候，他就說每天必須得看到我一眼，否則他就會心裏發慌。去年過中秋節的時候，我出差沒在家，我公公看了一圈他的兒女，說了一句話：「怎麼靜瑜不在？靜瑜不在，沒意思，別過了。」那我先生和大姑姐他們就挺傷心的，尤其是我先生，他就說：「靜瑜她又不是你女兒，我們可是你的女兒和兒子。」然後我公公就沒再說什麼。我公公他八十多歲了，腿腳現在不是很好，走路的時候需要人扶，有時候兩個人扶他，他的手還會發抖，但是我去扶他，他就一點都不抖。我婆婆就問他：「怎麼靜瑜一個人扶你，你都不抖？」他就說：「靜瑜扶我，我心裏比較有底。」我覺得這倒不是說因為我有定力，而是因為發自內心地真正去孝順他愛他了，就會讓他感覺很有安全感。

第二，對金錢的看法不同，也就是金錢觀的差異。對這一點，我自己的感觸特別深，因為我跟我婆婆最早的矛盾就是對錢的看法不同。我對錢是很不在意，粗心大意的，賺多少也不知道，花多少也沒數。但是我婆婆就很勤儉，每一分每一文都會節儉開支，所以她就總限制我花錢。一開始我就很生氣很不高興，因為我覺得我又沒有花她的錢，而且我給她買東西，她也埋怨我亂花錢。自從學習傳統文化之後，我試著站在婆婆她老人家的立場，多想想她所經歷的那些苦難年代，就覺得她這麼節儉真的是情有可原的，是可以理解的。所以，後來我再給婆婆買衣服及買東西的時候，就把標簽都撕掉，不讓她看到價錢，因為不論多少錢她都會嫌貴。她要問我多少錢，我就瞎報一個她能接受的價格，反正她也不逛商店。記得有一年，我給婆婆買羊絨大衣，花了大概幾千塊錢，婆婆當時穿著很合適很好，就問我這衣服多少錢，我說兩百塊，婆婆特別高興，說：「這個衣服很值，這麼大，才兩百塊錢。」我先生在旁邊就笑了，說：「你動腦子想想，這一隻袖子都不止兩百塊，你看看它是什麼料子。」我婆婆說：「我也不懂料子，就覺得穿得很舒服。」還有一回，婆婆用了很多年的手錶壞了，她又想讓我買錶但是又怕花錢，於是天天在我耳邊叨咕：「這個錶壞了，能不能再修一修。」我心裏想，那個都是戴了幾十年很破的一個錶了，已經不能修了，可是怎麼辦呢？後來我想了想，就出去新買了一塊看上去比較大方的女士手表，然後我就跟我婆婆說：「媽，你真有福，真巧，這兩天你的錶不好，恰好就有一個朋友送了我一個表，我戴著樣子比較老氣，給你戴正合適。」我婆婆就很高興，還說：「你這個朋友真好。」其實是我自己買的，她也不知道。所以說，在金錢方面的矛盾衝突，我覺得只要你有孝心有智慧，還是能化解的。

關於如何盡孝心，《弟子規》裏有很多方法。比如《弟子規》裏說「親所好，力為具」，後來我就琢磨，我婆婆不是很希望我給她買那些沒什麼用的衣服，她不好穿，她很希望替我們存錢，如果我要拿錢孝敬她，她肯定會很歡喜，於是後來我就慢慢地變成給她錢了。因為我公公身體不好，為了方便，我婆婆她今年在大連跟我公公搬出去住了，跟保姆住在一個房子裏，每個月就跟我要生活費，我說這個不用要，我肯定給你。開始的時候每次給完生活費，我婆婆都會說，靜瑜你買的那個什麼菜很好吃，現在是不是什麼水果好像又當季了，米麵油太重，我們自己買不了。我知道她是不捨得自己花錢，我就說：「這個米麵油不用你買，我會讓司機定期買好了給送過來，蔬菜水果也不用你買，你想吃什麼我給你送，但是錢我還是會照樣給你的。」後來，有一次我跟我二姑姐碰面，她就問：「靜瑜，你沒有給媽媽生活費嗎？媽媽怎麼一見我就說沒錢？」我說：「我給的呀。」她說：「那她自己買菜，錢花得很快？」我說：「不是，這些我都給她買好了，水、電、瓦斯我也都派人給交了。」她就問：「那媽媽為什麼還這麼說？」我就說：「你這個女兒當的不夠稱職，我比你要稱職。『親所好，力為具』，咱媽喜歡存錢，她跟你這麼說的意思就是希望你也拿點錢供養她。我給我的，你就給你的，只要她高興，咱們也不差這點錢。」因為我二姑姐家庭條件也很好，也就同意了。所以說，只要誠心誠意去實踐傳統文化和《弟子規》，有了孝心和智慧，這些小事自然就能圓滿解決，也就沒什麼衝突和煩惱了。反正把錢給老人，她存著也是給你存，誰存不是存，都一樣。

第三，對孩子的教育觀念上的衝突。因為老人都比較溺愛小孩子，所以他們喜歡用溺愛的方式去教育孩子。我給大家舉一個特別突出的例子，比如孩子小的時候，他走路不是很穩，有時候又很頑皮，就會撞上那個桌子角什麼的，然後我婆婆就會特別著急地過去打一下桌子，說：「你看這個桌子，把我們寶寶撞倒，奶奶打它，寶寶別哭。」我就覺得不對勁，去年我那二寶還不到兩歲，有一次走路撞桌子了，我婆婆又去著急地打桌子，讓我哭笑不得。我就私下裏把婆婆請到屋裏說：「媽，我跟你談件事，好不好？」我婆婆說談吧，我說：「你說這個孩子他自己撞到了桌子，桌子它又沒有動，你幹嘛總要去打桌子？」她說：「這不就是哄孩子，不讓他哭嘛。」我說：「關鍵是你這樣哄孩子，會讓他不認為是他自己走路有問題，而是覺得桌子有問題，以後孩子慢慢大了，有什麼事他就會把責任全推到外面去，這就不好了。」我婆婆尋思了半天，說：「你別說，你說的也很有道理，下次我改。」再後來，二寶再撞到桌子，我婆婆就會說：「二寶，你走路小心點。」

同樣的問題，我跟我父母也說過，因為我父母也很寶貝他們的外孫子，一有什麼問題，我爸就會說：「哎喲，姥爺打它，怎麼把我的孫子撞了。」老人溺愛孩子，也是可以理解的，年紀大了，愛的感情需要，但是我們做兒女的還是要適當地規勸規勸。比如說，我婆婆原先跟我們一起生活的時候，我覺得還好，自從去年和我公公跟保姆搬出去住了後，每個星期的週日我帶著兩個孩子去看他們時，因為這一週沒見，一見面就什麼要求都答應，要什麼給買什麼。特別是我大兒子，在我這兒吃不著的糖、小零食、可口可樂，只要跟他奶奶一說，他奶奶就馬上出去給買。很多時候我都不知道，老小孩和小小孩倆私下裏商量好了，然後說出去溜達一下，我跟保姆在廚房做飯，也沒在意他們。溜達回來之後兩人都挺歡喜的，我那大兒子就把東西東塞塞西塞塞的，我也不曉得他還有什麼祕密。後來這個祕密被我家二寶給洩漏了，老二說：「媽媽，哥哥有糖吃，是奶奶給買的。」我就勸我婆婆說：「媽，不能這樣慣著他吃糖，他現在長牙齒，糖吃多了，牙齒會壞掉的。還有零食，這個習慣真的不好，小孩子一吃零食，正餐他就不好好吃了。小孩子不能要什麼就給他買什麼，尤其我們家這個條件，現在你什麼都滿足他，一旦哪天你滿足不了他了，他就會怨恨你的。」那一次我和婆婆談得也比較久，婆婆也就認可了，所以說，我婆婆還是很明理的。

❀曲從公婆的三個方面

以上三點，是我自己總結的媳婦跟公公婆婆之間的主要矛盾，那跟公婆相處時，特別是跟婆婆相處時，怎樣去盡量做到曲從呢？我根據自己的經驗與心路歷程，也總結了下面三點：

第一，不要在公婆面前抱怨、批評自己的丈夫。我自己原先年輕的時候，跟先生鬧不高興了，有時會到婆婆那裏去討公道，婆婆通常也聽著，也會寬慰我，但是老人的心情就不會很好，會很沉悶、低落。為什麼？任何一個老人，婆婆也好，公公也好，沒有一個人是只注重兒子和媳婦多賺錢，都是首先希望他們身體健康，然後夫妻和睦，不要總是吵吵鬧鬧要離婚。我婆婆在十多年前就說過一句話：「你們千萬別在我面前說離婚，你們要是說離婚，我就恨不得一腳去跳河，這日子沒法過。再找的肯定不如原配，我這心裏不舒服，你們就好好過日子就行。」我想不僅我的公婆是這樣，天下父母應該都是這樣的。去年過年的時候，我第一次給全體員工的父母寫了一封信，告訴這些父母，我們這個企業開始學習傳統文化了，傳統文化是什麼呢？主要就是孝順父母。如果這些孩子沒有做到孝順，請你們做父母的要告訴我，我作為企業的領導會注意教育他們，同時我自己也會以身作則。然後我還包了二十多個小紅包，每個紅包裏放了五百多塊錢，紅包上面寫上「孝金」，因為我們企業是做黃金的，我就給所有的員工都發下去了。我說：「你們就把我寫的信和這個紅包給你們父母，讓他們知道你們在企業是做什麼、學什麼的，讓他們安心。」結果沒想到，所有的父母都給我回信了，包括那些農村的父母，都認認真真拿了張白紙給我寫了回信，字跡都很整齊恭敬。而且所有的回信都有一個共同的特點，就是沒有一家父母說你這個企業你得給我的孩子機會讓他賺大錢，沒有，共同的一句話都是說，請你要教他好好做人、教他怎麼孝順父母、怎麼尊重師長、怎麼有誠信。我是哭著讀完那些信的，一封封讀完之後，我就覺得真的是可憐天下父母心，尤其是女人，等你生完孩子之後，你就會知道做一個母親是一個什麼樣的心了。

俗話說「養兒方知父母恩」，我自己就很有體會，因為我生完兩個孩子之後就特別理解我媽媽和我婆婆，從生育到撫養真是不容易。我兩個孩子生育的時候都不是很容易，因為我有嚴重的孕期反應，到七個月的時候，我還拿著臉盆站著吐，吃什麼吐什麼，還會吐血。特別是懷我大兒子的時候，就是喝點西瓜汁、小米粥配泡菜，別的什麼都不能吃。生孩子之前我只有六十公斤，生完了就降到五十公斤，很瘦小。

所以，我自己生了孩子後，將心比心，就會從心底裏特別願意去順從、孝順我婆婆和我媽媽。特別是婆婆，有時候想想，她把我先生撫養大真的不容易，她年紀那麼大了，我還到她的面前去說先生這個也不好那個也不好，否定她一生的作品，給她潑涼水，潑來潑去，最後都潑到自己身上，既然他這麼差，你怎麼那麼沒眼光還找他呢？明白這一點之後，我就再也不說先生不好了，婆婆問到什麼，我都說好，所以我婆婆現在特別高興。有時候我還說：「媽，你真是一個偉大的女性，能生出這麼好的兒子。」我婆婆聽了後就特別開心。

我婆婆很強勢，是一個很有主見個性很強的女性，從來不會認錯，但是自從我學習女德開始認錯以後，我婆婆現在也開始回頭了。我上次來香港的時候，有一次給我婆婆打電話報告心得，我婆婆第一次主動跟我說：「靜瑜，其實我做得也不是很好，這一輩子對你公公有很多欠缺的地方，這個女德我也需要學，我也需要改。」我當時拿著那個電話，就特別驚訝，難道這是我婆婆說的？我婆婆竟然能主動認錯了，這可是前所未有的。所以說，所有外面的境界真的都是跟著你自己的心在變化的。當初我學佛學傳統文化，我婆婆很反對，後來我一直和她溝通，她才同意了。以前我非常粗枝大葉，這是我婆婆最看不慣的，學佛之後我明白了，人的福報是有限的，你來到這個世間不是來享福的，享福是造孽，那我就學會了要惜福，不再浪費了，然後還喜歡吃剩飯了，每次出去吃飯我都會主動張羅將剩下的飯菜都打包回去。我婆婆一開始很訝異，不大相信我的變化這麼大。到了今年，我婆婆也變了，就不讓我吃剩飯了，每次我去她家撿剩飯，她就說「這個你不要吃，我來吃」，或者她就會特別主動地給我準備好素菜，「靜瑜，這個是你能吃的，連蔥花都沒放，我單獨讓保姆做的素炒豆腐」，我就覺得特別感動。

所以說，我們講曲從，其實不是曲從婆婆，而是曲從你自己的性德。當你真正把你自己的性德給發掘出來了，去隨順外面的境界，外面的境界真的就會變得特別美好。因為你原來就是應該這麼做女人、做媳婦、做女兒、做妻子的，這麼做你就會快樂幸福，不這麼做你就總是別扭、總是不順、總是有怨怒，好像誰都跟你作對。所以說，順從別人，其實也就是在順從你自己。

第二，不要在言語上去頂撞公婆。我們做晚輩的，在語言上一定要時刻注意恭敬公婆，否則，有時候說話稍微不注意，隨口的一句話可能就會把老人傷害了。這一點我自己特別有體會，雖然我是無心的，但是老人沒有工作，也沒有社交，他們全部的感情和注意力都寄託到兒子、兒媳婦、孫子這麼幾個人身上，所以有時候不經意的一句不恭敬的話，可能就會讓他很傷感、很難過。我舉一個我做得不好的例子。有一次禮拜天，我帶著孩子去看我公公婆婆，因為我公公婆婆比較喜歡吃我做的菜，所以我就讓保姆幫我備好料，我就在那兒忙著炒菜，都是我公公婆婆喜歡吃的幾個菜。正在我忙的時候，我公公就特別高興地拿了一張報紙來給我看，說：「靜瑜，這個報紙在報導你們公司的事。」其實是我們企業在報紙上做的宣傳。他第一次來跟我說的時候，我一邊說「好，我知道了」，一邊很緊張地在那兒忙著，因為除了要做大人的飯菜外，我還要做孩子的飯菜。過了一會兒，老先生拿著報紙又來了：「靜瑜，你看報紙上在做妳的宣傳。」我就說：「爸，我知道了，等我做完飯再看。」過了一會兒，老先生第三次拿著報紙來了，我就忍不住急了，我說：「爸，你都說兩遍了，你沒看我正忙著麼？這都十二點了，這麼多人，這飯菜還沒做出來，才做了一半呢，那個報紙我都知道了。」我的語氣當時就有點嚴肅和不耐煩，我公公就一下子安靜了，然後就不出聲了，吃飯的時候也悶悶不樂的。我就覺得心裏挺過意不去的，後來走的時候，我就跟他說：「爸，剛才做飯的時候我跟你說話有點急，你別生氣啊。」但是，老人聽了也不出聲。

回家之後，因為當時我父母也在場，我爸就給我好一頓教訓，說得我真的都哭了。我爸說：「你看你，哪能這麼跟你先生公說話！你現在一個禮拜也就去看望他們一次，你就得讓他高興，他讓你幹什麼你就幹什麼，哪怕你把做飯停下了就看一眼，也花不上多長時間。你就總想著你自己那點事，你這還是自私。」後來我就懺悔說：「嗯，我錯了。」

還有一次也是，我跟我公公婆婆一起出去吃飯，我公公怕我點菜浪費，就讓我婆婆坐在我旁邊監督我。打開菜單之後，我點這個，我婆婆說不行，我點那個，我婆婆也說不行，後來我就說：「要不，媽您來點。」我婆婆說：「我不點，還是妳點。」我說：「我點的您都說不行，還是您點。」我婆婆還是說：「妳點。」我倆就在那兒讓來讓去的，這時候來了一個電話，我拿著手機就一邊往外走，一邊匆匆地說：「還是你們點吧，想吃什麼點什麼。」然後我就出去了。等接完電話回來後，我公公就有點不大高興了，最終還是我點的菜，但是所有的菜公公都說不對口，這個菜太硬了，那個菜太鹹了。那我就問：「爸，要不下碗麵條，你愛吃嗎？」老人也不出聲，生氣了。我就埋怨自己，剛才顧了接電話，這個菜沒給點好。我就說：「爸，您別生氣了，這個菜就是要把菜單裏最便宜的點出來對吧？對，有錢我們也不能亂花，要省著點花。」老人還是不出聲，就看著那些菜生悶氣。我又說：「爸，您也得吃點啊，不吃怎麼辦啊，不是要浪費了嗎？」後來，我又說了幾句好聽的：「爸，您最近氣色挺好，鍛鍊得不錯啊。」然後，我又說他兒子怎麼怎麼樣，一說他兒子他就高興了，又說他孫子怎麼怎麼樣，他又挺高興的，最後就吃了一碗飯。老人有時候就像小孩，你就得哄著他，要不就生氣不吃了。所以說，可能只是無心的一句話或者一個行為動作，不是做晚輩的故意頂撞，也會引起老人的不高興。人越老越要把他當孩子一樣看待，千萬不要還把他當成當年那個可以幫我們遮風避雨、撐起一片天的當家人，他已經老了，有時候就不能控制情緒了，尤其是當他身體不好的時候。

第三，不要因為和丈夫鬧彆扭而傷及公婆，不要說公婆的不是，不要在丈夫跟公婆有矛盾時去火上澆油。這點是很多媳婦都容易犯的毛病，有的媳婦一跟先生鬧彆扭了，就會把對公婆的不滿說出來，毫無避諱地傷及公婆，結果導致整個家庭的和睦都被破壞了，這樣很不好。所以，女人要學會控制自己，怎麼控制呢？拿《女誡》學習。三日不讀聖賢書就會面目可憎，我們現在不用等三天，等三個小時都容易出問題。所以一定要天天拿女德薰陶，薰陶時間長了，轉心了，逆境現前時自然就能控制自己了。我自己就是這麼過來的。

還有一些家庭矛盾是先生和公婆之間的，遇到這種情況，做媳婦的要懂得用智慧去調和、去和稀泥，千萬不能再去火上澆油、激化矛盾。跟大家舉兩個例子，第一個是我們夫妻倆跟我公公的。當時公婆還和我們住在一起，有一次我在外地出差，有急事要找我先生，但是他的手機關機了，我就給家裏打電話，我公公接的電話。我公公住在一樓，他腿腳不太好，也沒上二樓去找我先生，就在一樓喊了兩聲，沒有回應，於是就告訴我說我先生沒回家。這件事情我回家之後就跟我先生說了：「那天晚上你不是告訴我你回家的嗎，怎麼後來爸爸說你沒有回家？」我先生當時就抱怨說：「這個老爺子，我明明回家了。」因為當時是個很重要的事，一個主管要找他，找不到他，就找到我了。我就說：「你誰都別怪，要怪就怪你自己，《弟子規》裏都教了，回家要先跟父母打聲招呼，出門也要先跟父母打聲招呼。」我先生問：「《弟子規》是這麼說的嗎？」我說：「對，是這麼說的。你回家不打招呼，老人家那麼大年紀了，咱家房子又這麼大，他哪知道你回來了沒有。」我先生聽了後就沒再吭聲。但是我發現從第二天起，他出門前就到他爸那屋，說：「爸，我走了。」他爸還很驚訝。後來晚上他回家的時候，看看他爸在屋裏要是沒睡，他就說：「爸，我回來了。」所以說，《弟子規》是家裏必不可少的家規。

第二個例子，是有一次我先生跟我婆婆因為一些意見不合吵架了，我先生很生氣，婆婆也很生氣，我當時沒在場也不知道具體怎麼回事，反正我先生一氣之下就帶著怒氣出差了。他一走我婆婆就給我打電話，就數落他。因為我學女德剛聽完鐘茂森老師講《女論語》的光碟，就用上了，我就馬上說：「媽，這個不怪他，怪我這個兒媳婦，我沒教好他。您大人有大量，也甭跟他一般見識，您是很有器度的老人家。」我就拿話給老太太安慰，她就不出聲了，然後她說：「那你說說他吧。」後來我也不敢直接給我先生打電話，因為他還在氣頭上。我就開始寫短訊，措辭來措辭去，編來編去，我就很隱晦地拿《弟子規》裏的話勸導他，最後又說：「老人家年紀大了，就像小孩，要哄著來。我們要包容她，要愛她，要讓她心情好。」然後我又把我先生讚歎了一下，我說：「你能做這麼大的企業，肯定是宰相肚裏能撐船。你對媽媽肯定是很好很孝順的，所以企業才會做得這麼好。」結果，我先生他也沒回我的簡訊。但是過了兩天他出完差了，要回家的那一天，他就故意給我打電話，問我：「我出差完了，要回去了，今天下午四點鐘到。你看我是先回我們家，還是先去看看我父母？」以前他可從來沒這麼問過我。

我就說：「當然要先去看看你父母了，因為你媽很想你，你爸更惦記你。你別空手去，讓司機去買點水果，你媽愛吃香蕉和香瓜。然後你別說是買的，就說是人家客戶送的，順便帶給他們，要不他們又心疼花錢。」後來，我先生回到大連後就這麼帶著水果先去看我公公婆婆了，去了也沒說什麼，就在那兒吃的飯。然後我婆婆就給我通風報信，老太太特別高興，在電話那頭很激動地說：「他一回來就來看我們來了，他實際上是認錯來了。雖然他沒說出口，但我知道這個孩子不錯，還是很孝順的。」所以，你看，這個做媳婦的給他們母子倆調和了一下，舉手之勞，先生就有台階下了，婆婆也不生氣了，一家人又和和睦睦、高高興興的了。

以前我對婆婆順從或者盡孝，表面行動上可能是做到了，但其實心沒到，沒有很真心實意，總會心有不甘地想：你看你對我不怎麼樣，但是我對你怎麼樣。自從學習傳統文化、學習女德後，我最大的一個感受是：不管別人怎麼樣，哪怕公婆已經十分不像公婆的樣子、丈夫十分不像丈夫的樣子了，你都要守好你自己的道，做好媳婦，做好妻子。只要你把你自己的道守好，總有一天外面的境界會轉化過來。沒有轉化過來，肯定是你自己做得還不到位。比如，我婆婆、我先生他們一開始並不支持我學習傳統文化，但是我這次來香港講女德，他們很支持。我今天在住的飯店結賬，本以為會很麻煩，所以早早就下來了，結果前台跟我說：「你只要簽字就好了，所有的賬單，你先生全部都給你結算完了。」當時我就覺得很幸福，說明我先生他現在非常支持我學習傳統文化、學習女德。但是我今天的幸福也不是坐著等來的，是靠辛勤的付出、只問耕耘不問收穫的付出而得來的回報。記得去年，我先生還曾經發自內心地跟我說過一句話：「不管出現什麼事情，就衝著你對我父母、對兩個兒子、對這個家的這麼默默付出，我一輩子都會把你放在我心裏，我會真心回報你。」我說：「其實我不求回報。」我先生就說：「那是你的事情。」所以說，一個女人如果你的公婆對你不滿意，你的丈夫有婚外情，你先別怨，行有不得反求諸己，你先反省一下你自己對公婆、對丈夫、對這個家又真心無私地付出了多少？

＊婆婆對你不好，那是給你送福報的

《曲從篇》雖然很短，看上去就幾句話，但是要全做到也不容易，尤其是這幾句：「姑云不，爾而是，固宜從令；姑云是，爾而非，猶宜順命。勿得違戾是非，爭分曲直。此則所謂曲從矣。」意思也就是說，婆婆如果越是對你不好，你越是應該要感恩，因為這全都是給你送福報來的，有一句話叫「天加福是逆著來的」。順著來的，是享福，是消耗你的福報；逆著來的，如果你能順受，就是給你添福來的。量大福大嘛，面對羞辱，逆來順受，辱就能了，福就來了，所以說忍辱多福。

對這一點，我自己深有體會。我剛學佛、學傳統文化的時候，我婆婆很反對，老是說我、責難我。特別是去年我剛開始參加傳統文化論壇的時候，我婆婆很生氣，老說：「不在家好好做生意賺錢，沒事去做什麼義工，你有問題。」記得有一次，我從秦皇島參加完傳統文化論壇回大連，當時我一天沒吃飯，路上好像只吃了一包爆米花，而且身體也不是很好，因為我提前去了十多天去主持那個大會，所以特別累。那天晚上八點多，大客車到大連，司機給我接下來，當時我公公他手術完剛好在醫院裏，我就先去醫院看望我公公，另外那個主辦方給我拿了一些吃的東西，我就想先去送給老人。但是沒想到去了醫院之後，一見面，我婆婆就劈頭蓋臉地給我一頓訓，責怪我沒有好好照料和教育好他的孫子，也沒有好好照料好他的我心裏也有氣，但是我當時就想，我學傳統文化、學女德了，不行，我得扭轉婆婆說的也有道理，出去之後的確對孩子和先生的照料就少一些了。於是我馬

「媽，你說得對。」然後，我婆婆就繼續說我，大概說了能有四十分鐘。可能因為我那個臉很差，我公公就不忍心了，就在病床上跟我婆婆說：「靜瑜可能還沒吃飯，讓她先回去吃飯吧。」但是我婆婆很嚴厲，就說：「飯不著急吃，話要給她說明白。」我就說：「媽，你說得很對。」當時我那個小司機在旁邊看著我都要掉眼淚了，我就跟他說：「把本子拿出來。」然後我又跟我婆婆說：「媽，你慢慢說。我現在腦子不怎麼清楚，一天沒吃飯了，你慢慢說，我在本子上給記下來。」我婆婆還挺認真的，就給我提了好幾條意見，我就真的把本子拿出來，很認真很恭敬地把那幾條都給記下來了。然後我還拿著本子問她：「媽，是這幾條嗎？」我婆婆說：「對，就這幾條。」我就保證說：「你放心，我一定把這幾條好好做好，讓你安心。」然後，我婆婆才讓我回家吃飯了。回家的路上，司機就問我：「你生不生氣？」我說：「不生氣，我婆婆講的也有道理，的確是顧此就會失彼。我在家裏要是都做好了，我婆婆就不會這樣說了。」所以，那是最後一次我婆婆說我，以後就再沒有了。從那以後，我婆婆就越來越理解我了，現在就是完全認同傳統文化了，而且還號召我大姑姐、二姑姐都來學習傳統文化了。更難得的是，前面我也說到過，我婆婆她現在也開始回頭了，我上次來香港時，她竟然在電話裏主動跟我說，她也要學女德了。

有的媳婦，仗著丈夫暫時的寵愛或者自己能力比較強，一點不把公婆放在眼裏，甚至還會給公婆特別是婆婆臉色看。將心比心，如果你丈夫對你的父母不好，你心裏會舒服嗎？那你就想想，你對公婆不好，丈夫會對你發自真心地好嗎？他如果還對你好，那是假的，是貪戀你的美貌和情色，一旦你色衰了，或者遇到比你更漂亮的，他就會移情別戀了。

而且你也要想想，你現在對婆婆不好，你的兒女都會看在眼裏、會跟你學，那將來你的兒子討了媳婦後，他們會對你好嗎？你的女兒將來嫁到婆家，會對她的婆婆好嗎？然後她的婆婆會對她好嗎？我自己因為有兩個兒子，我就經常想我將來會有兩個媳婦，如果對我不好的話，那我這個罪就有得受了，一個老太太孤苦伶仃的還要受媳婦的白眼，一想想都很淒涼恐怖。種什麼因收什麼果，所以我得種好因，對我婆婆好一點，對婆婆好就是對自己好。想通了這一點，就會心甘情願去孝順婆婆、恭敬婆婆了。

*如何扭轉對婆婆的怨念

還有一個，我認識民間教育家王鳳儀王老善人的一位傳人，也是姓王，王老師，一位長者，六十多歲，他就跟我講，老人身上的很多病其實都來源於兒女。比如說老人的腿腳不好，很多是因為對兒女有怨氣，這些怨氣累積到一定時候，這個下肢就會出問題，因為生氣會產生酸性物質沉積在肢體關節裏，導致或加重關節炎。所以說，如果你家裏的老人有什麼不舒適不健康的地方，做兒女的趕緊要反省反省自己的孝道有沒有真正盡到。你兒女孝順，老人的身心愉悅舒暢，他就會沒病沒災的，也就不用勞煩你兒女。所以說，千萬不要總抱怨老人怎麼又有這個病那個病的，你還是想想自己哪裏做得不好吧。

經常也有女性朋友問我，怎麼樣能把對婆婆的那個怨念給完全扭轉過來。我自己的經驗是：第一，先懺悔自己的不好，然後努力地去想婆婆的好。比如說，我婆婆曾經送過我一件衣服，雖然不是很貴重，但是婆婆親手做的，有婆婆的一片愛心。一想老人家的好處，怨念自然就消解掉了。第二，千萬別總說婆婆的不是，因為你說一遍就會加深一遍不好的印象，不要說。如果別人提這個話題，也不要去搭理，你就只關注你自己做沒做到《女誡》裏說的謙卑、敬順、曲從。第三，努力去做好婆婆喜歡的事情，就是《弟子規》裏說的「親所好，力為具」，也是《女誡・曲從篇》裏所說的「婦如影響，焉不可賞」。就這麼三點，你如果能做到，婆媳關係自然就能和睦，婆婆絕不會再去破壞離間你跟你先生的感情，你的家庭自然就能和睦、自然就能幸福，就這麼簡單。

捌：叔妹篇

榮辱毀譽的基石

【叔妹第七】

婦人之得意於夫主，由舅姑之愛己也；舅姑之愛己，由叔妹之譽己也。由此言之，我之臧否譽毀，一由叔妹，叔妹之心，複不可失也。皆莫知叔妹之不可失，而不能和之以求親，其蔽也哉！自非聖人，鮮能無過！故顏子貴於能改，仲尼嘉其不貳，而況婦人者也！雖以賢女之行，聰哲之性，其能備乎！是故室人和則謗掩，外內離則惡揚。此必然之勢也。《易》曰：「二人同心，其利斷金。同心之言，其嗅如蘭。」此之謂也。夫叔妹者，體敵而分尊，恩疏而義親。若淑媛謙順之人，則能依義以篤好，崇恩以結援，使徽美顯彰，而瑕過隱塞，舅姑矜善，而夫主嘉美，聲譽曜於邑鄰，休光延於父母。若夫蠢愚之人，於叔則托名以自高，於妹則因寵以驕盈。驕盈既施，何和之有？恩義既乖，何譽之臻？是以美隱而過宣，姑忿而夫慍，毀訾布於中外，恥辱集於厥身；進增父母之羞，退益君子之累。斯乃榮辱之本，而顯否之基也。可不慎哉！然則求叔妹之心，固莫尚於謙順矣。謙則德之柄，順則婦之行。凡斯二者，足以和矣。《詩》云：「在彼無惡，在此無射。」其斯之謂也。

【譯白】

一個女人能得到丈夫的寵愛，是由於公婆對自己的喜愛；公婆喜愛自己，是由於小叔子小姑子對自己的讚譽。由此而言，我之榮辱譽毀，都是從小叔子小姑子這裏來的，所以小叔子小姑子的心萬不可失去。但是一般人都不知道小叔子小姑子的心不可失，故而不能與之和睦相處以求親近，這其實是被蒙蔽了啊！做媳婦的你自己也不是聖賢，很難不犯過錯。從前顏子貴在知過即改，孔子稱讚他同樣的過錯絕不犯第二次(不貳過)，賢達如顏回都會犯過，更何況一個婦人呢！即使是很賢惠聰哲的女子，她能盡善盡美而從不犯過嗎？所以說，一家人如果和和睦睦的，就算你犯了過錯，也可以被遮掩而不至外揚遭誹謗；如果不和睦，內姓與外姓相互離間，那你媳婦所犯的過錯就會被迅速傳揚開去，從而勢必會惡名遠揚。《易經》上說「兩個人同心，力量可以斷金。同心的言語，如蘭花般芬芳。」說的就是這個道理（和為貴）。嫂子與小叔子小姑子（因無血緣關係）本來就不太好相處，但是小叔子小姑子的輩分又很尊貴，雖然彼此間沒有什麼恩情很疏遠，但是在道義上卻又必須親近和睦。若是賢淑好德的謙順女子，就一定會依照道義與小叔子小姑子很好地和睦相處，推崇恩義而使大家互相幫助，使自己的美德日益彰顯、瑕玷過失卻得到隱蔽忽略。這樣，公婆就會誇獎你，丈夫也會讚美你，美好的名聲就會傳揚於鄉鄰中，娘家父母也會為你的美德感到光彩。倘若是愚蠢的女人，對小叔子就會依托著嫂子的名分而矜高自大，對小姑子就會仗著丈夫的寵愛而驕盈傲慢，一旦恃寵而驕，哪還會有什麼和睦可言呢？一旦失和，彼此就會恩義悖離，又哪還會有什麼美譽可傳呢？因此就會美善日漸被隱蔽而過失卻日漸被宣揚，公婆就會忿恨，丈夫也會惱怒，譭謗非議傳遍了家裏家外，恥辱聚集了一身，繼續留在夫家會給父母增羞，回娘家去又會給丈夫添牽累。所以說，跟小叔子小姑子的關係是榮辱的根本及名譽好壞的基石，怎能掉以輕心而不慎重呢！然而要想求得叔妹的心，最重要的就是要謙卑柔順。因為謙卑是女德的根本，柔順是女人的行持準則。只要能夠做好這兩點，足以與小叔子小姑子和睦相處了。《詩經》上說：「在這裏沒有憎惡，在那裏也沒有厭煩（家裏家外一團祥和）。」說的就是這個意思。

＊討人厭，離不開一個驕字

《女誡》的最後一篇，是《叔妹篇》，叔是指小叔子，丈夫的弟弟，妹是指丈夫的妹妹，我們現在叫小姑子。《叔妹篇》講的是與小叔子小姑子和睦相處的重要性，也就是一個女人一定要謙卑柔順，力求得到小叔子小姑子的認可，這是她在婆家榮辱譽毀的基石，也是承載一切福報的基石。

曾國藩曾經說過一句話：「討人厭，離不開一個驕字。」就是說，這個人只要一驕傲就沒救了，準討人厭、沒人緣。所以我們千萬不能驕傲，特別是對自己家裏人，一定不能驕盈傲慢，一定要學會謙卑、恭敬、柔順。

我先生沒有弟弟和妹妹，但有兩個姐姐，我先跟大家講一個我跟我大姑姐之間的故事。去年有一次，我請我大姑姐到瀋陽去聽傳統文化論壇的課，那次我是一個上台講課的分享老師。因為我之前親眼看見一個老師，他對他的家人很傲慢，結果家人就不願意聽課，拉去了沒有用，聽了一天就走人了，我當時為了讓我大姑姐能堅持聽下去，就表現的特別謙卑，對她特別恭敬，到哪兒都跟人主動介紹說：「這是我大姑姐，比我修得好，比我做得好，是我的老師。」結果，我大姑姐就特別開心，認認真真聽完了四天課，還拿了兩大袋傳統文化的資料，然後還跟我說了實話，說：「我跟你說實話，靜瑜，我這次來是有任務的。其實咱們家人對你出來不放心，讓我來監督一下，看看你們的課有沒有什麼問題，如果不行，什麼都別學了，趕緊回家。結果我這一看，這個課太好了，於是當場就給他們打電話彙報情況了，我說：『你們放心吧，這個課是好課，就是講怎麼樣更好地孝順父母。我聽得都直哭，我決定回去以後一定要好好孝順父母。』」當時聽我大姑姐這麼一說，我就覺得這個謙卑恭敬真好用。真的，因為以前我從來沒有那麼恭敬過我大姑姐，那次就為了讓她能留下來聽課，我也不知道她是家裏人派來監督我的，我就特別恭敬她，好吃的東西都先給她吃，因為我是分享老師，人家主辦方給我請到上位，我自己都不坐，都給她坐上位，然後我還在後面給她拎著包。她可能從來沒享受過這種待遇，所以還偷偷地跟別的老師說：「她以前不是這樣，她現在變了。」但是我那次的確是做出來的，當時就是特別想讓她聽完課，哪怕是把靳雅佳老師的課聽完就走也行，因為一開始她說得很明確：「我只負責來聽兩天，兩天之後我就走了。資料太重，我不帶，我直接回長春。」結果被我那麼一恭敬，她完完整整聽完了四天的課，哭得稀裏嘩啦的，最後拎了還不止一袋資料，拎了兩袋，說這一袋要給她朋友，那一袋要留著自己學習，也不嫌沉重了。所以說，我覺得真的是就像班昭說的，你想和、想得到叔子和姑子們的心，你就得謙順，哪怕是從假的開始裝起，裝著裝著，慢慢就會變成真的了，就像謊言如果說上一萬遍，別人就會把它當成真的了一樣。

✽見人有難，主動開口幫忙

我大姑姐的女兒上學讀書，從小學到初中到高中，一直都是我來出錢供應的，那個錢也不是很多。但是去年上大學，那個錢就要很多，我大姑姐也不好意思跟我說，就很隱晦地跟我婆婆說了，我婆婆也比較為難，我就看出來了，因為暑期她到我們家來總是欲言又止的。那我就主動問我大姑姐：「洋洋上大學是不是要很多學費？」她說：「對呀，我很愁。」因為我大姑姐她是離異的，生活很艱難。我說那需要多少錢，她就跟我說了大概一個數目。我說：「那行，洋洋她也大了，都快二十了，這件事情我來單獨跟她談，好不好？」我大姑姐就說好。

那天晚上，我就把幾萬塊錢準備好了，把孩子叫到樓上，然後我就問她：「洋洋，你知不知道你這次上大學需要多少學費？」那孩子很不在乎地說：「不知道。」我說：「那你把錄取通知書拿出來，你算一下，算完了，你告訴我。」她就把通知書取出來，拿著紙和筆就在那兒算，算出一個數字後，自己還說怎麼這麼多錢，需要幾萬幾千還有個零頭。後來我就把錢拿出來跟她說：「舅媽給你湊個整數，這個錢放在這兒，你在拿去之前，我要先跟你說一些話。

你已經長大成人了，第一，我希望你能夠不要因為這個錢是我拿給你的你就感激我，不要感激我，要感激你父母，因為沒有你父母，你今天不會有機會上大學，要記得在心裏永遠要感激父母。第二，你要知道任何人賺錢都不容易，這個錢它不是從天上掉下來的，這個錢是你老舅和我辛辛苦苦賺出來的，你要懂得珍惜，要懂得知恩報恩，不是要報我和你舅舅的恩情，是用你的學識去回報國家、回報社會，我們並不求你的回報。第三，要好好學習，好好做一個女孩子，上大學期間絕對不准許交男朋友，要把心思全部放在學業上，然後少說話，多看書，多聽老師講的課。」那孩子還比較聽話，我說這些的時候，她也沒說什麼，就一直聽著，然後她就把錢拿走了。

之後，我都會隔兩個月給她匯一次錢、往她卡裏匯兩千塊生活費。開始，我大姑姐很委婉地說一個月一千可能她會過得有點緊吧，我就跟我大姑姐說：「女孩子過得緊巴點好，不要大手大腳的，這一千塊她夠花一個月了。」然後我每次給孩子匯錢，都會發一些短信給她，告訴她要珍惜、這個錢應該怎麼花。結果這孩子還比較聽話，不僅自己夠花了，還節省出來了一點錢，在我婆婆過生日的時候給她姥姥買了條小褲子作為生日禮物，姥姥很高興。

今年父親節的時候，正好趕上我要匯錢給她，我突然想起來明天就是父親節，於是我就多給她匯了一千塊，一共匯了三千。因為她對自己的這個後父一直態度不是很好，我就跟她講：「洋洋，你聽舅媽的話，你要是想真孝順你媽媽，你就要對這個後爸也要好一點，要發自內心地對他好。可能他前世就是你爸爸、你們就是父女，所以你不要總是對他有看法，讓你媽媽很為難。舅媽多給你匯這一千塊，五百你給你在外地的親生爸爸，另外這五百你給你現在這個爸爸或者你給他買點什麼禮物。」那次我就苦口婆心地說了很多，後來我發現這個孩子慢慢就變了。因為從小父母離異，她原先比較內向，不是很聽話，很犟，但是現在變化特別大，變得聽話了，對她後父的態度也好多了，然後對我真的就像女兒一樣。

我大姑姐原先和我還比較生疏，因為她年紀比我大十多歲，就把我當成一個小妹妹了，但是從這些事情之後，她對我是發自內心地感激，就再沒有把我當成小妹妹了，反而對我特別敬重了。比如有一次，她有事著急了，就打電話找到我，說：「靜瑜，怎麼辦，你幫幫我。」她其實個性很好強的，然後我就告訴她應該怎麼做，順便我就把相關的傳統文化的書和光碟又郵寄給她。她就跟著學習，慢慢變化也特別大。有時候她跟我婆婆有衝突，她媽媽說什麼她也不再頂嘴了，原先她跟我婆婆兩人都挺犟的。前不久有一次我婆婆批評她，她實在受不了了，就給我打電話哭訴，說：「這個是不是我親媽？」她哭得很委屈，那我就給她講傳統文化的道理，我說：「媽永遠是最親的，媽打你罵你都是為你好的，你不要怨，一怨，你本來有的那點孝順積的福報都跑光了。」後來她的心氣就比較平順了，就不怨了。第二天，我就特意去了我婆婆那兒，正好那段時間我大姑姐她在大連看望我公婆，我婆婆就覺得昨天批評完她態度挺好沒頂嘴，我婆婆就說：「她現在變了，變得能虛心接受意見了。」我心裏想昨天晚上她還痛哭了一場呢，但我嘴上卻說：「對，人都會變的，因為學習傳統文化了嘛。」

我在婆家就兩位大姑姐，兩位大姑姐都比我長十幾歲，頭十來年在婆家，我像她們的小妹妹，這幾年我像她們的姐姐，她們有什麼事都會跑到我這兒來，我好像是她們的定心丸似的。比如，我大姑姐經濟條件不好，我就在財力上多支援她，但是絕對不要因為我拿錢了，我就好像是比人家高一等，不要有這個念頭，提都不要提。我給我大姑姐拿錢，我先生都不知道，我婆婆也不知道，因為我覺得人都有面子的，到處說不好，況且我大姑姐很好強，那麼大年紀了，她會覺得很沒有面子，所以跟誰都不要提。不光是不提，有時候我甚至還會跟大姑姐說：「錢財為五家所共有，其實這個錢也不算我的，只是正好匯集到我這兒來了，正不知道怎麼花呢，正好你就給了我這個機會讓我能夠把它花到正確的地方，所以說我其實很感恩你的。」正因為這樣，我大姑姐可能這麼多年來，她就很感激我，所以我們相處就很和諧。

我另外一位二姑姐，經濟條件很好，她家的生活條件很不錯，那麼我跟她分享的就不是錢財了，而是對孩子的教育。

去年有一次，我跟我二姑姐的孩子說：「你最好學學《弟子規》。」那孩子就很不以為然地說：「這很簡單，我早就會背了。」我說：「雖然你會背了，但是你沒做到。」她就說：「憑什麼說我沒做到？」我就說：「舅媽我現在站著，你卻坐著，『長者立，幼勿坐』你就沒做到。」她一想，這的確是《弟子規》裏的話，於是她就站起來，不以為然地看看我。後來我一想，這說話沒有力度，好像是布施做得不夠。因為這孩子也大了，都十六七歲了，於是，有一次我就把我年輕時的好多漂亮衣服給找了出來，就送給她。我說：「你喜歡哪件，就拿哪件。」小女孩就很高興。然後趕上逢年過節，她過來跟我兒子一起玩時，我就請他們出去吃飯，吃了幾次後，我說話她就有點聽了。然後我就給她提了小小的建議，我說：「我們一家人吃飯的時候，你可不可以不要想吃哪個菜，就一定要把那個菜先轉到自己跟前、甚至把那個菜盤子拿下來放到自己旁邊上吃啊。這是女孩子最起碼的禮貌，吃飯要先讓別人吃，不要就只想著自己。貪吃的女孩下場不好。」她當時聽了後一愣，然後問：「怎麼個不好？」我說：「第一，你會長得很胖；第二，面相會越來越醜。」我其實是嚇唬她的。那後來，上次我婆婆過生日，全家人就看到她有變化了，我先生還說：「這孩子變化太大了，菜都不會專挑著自己喜歡的那個吃了。」然後她正好坐我旁邊，我也沒有說破，就也在那兒誇她：「對，也學傳統文化了。」

今年我母親過生日，我二姑姐特意給我媽打電話說：「阿姨，我們全家都特別感恩靜瑜這個媳婦，你今年過生日，蛋糕我來給你買。」我媽就很高興，第一次吃到不是自己兒女買的蛋糕，所以吃蛋糕的時候我媽很開心。包括今年過年的時候，我們家員工集體背著我，給我母親買了一套衣服，還寫了一封感恩信，我都不知道。我媽收到這個禮物和信的時候，也很開心，都感動得哭了，給我打電話說你們員工特別好，然後還給我讀那封信。

＊做個心量大的女人

所以，真的就像班昭說的，只要你真的能謙順地做到「依義以篤好，崇恩以結援」，最後必定能夠「聲譽曜於邑鄰，休光延於父母」。因為人都是以心換心的，你的心量越大，善念越廣，善行越廣，回饋的善波就會越多。當你的美德彰顯被眾人讚歎的時候，最感到榮耀、光彩的是你的父母，而且這種榮耀、光彩是多少錢都不能買到的。因為它不同於物質的刺激，物質的刺激似曇花一現，只能讓父母高興一下，不會很長久。所以說，一個女人心量一定要大，一定要大氣，不能學小家子氣自狹其量。你如果心眼小，日子就會越過越窄；你如果心量大，日子就能越過越開闊自在。

怎麼才能把心量擴大呢？我自己的體會是：第一，要學會捨得布施，你不捨，你就不得。不得什麼呢？不得公婆叔妹對你的認可。我們聽劉素雲老師的光碟，她在婚姻生活中就很捨得布施，她捨了很多錢財幫助她先生的親戚，哪怕是捨錯了她也不在意。第二，要學會不去看人家的過錯，也就是要能容人之過，不見人過。因為人非聖賢孰能無過，人無完人，人沒有沒有過錯的。尤其是跟家裏人相處的時候，我們特別不能總去看他們的過錯，別說不看，想都別想。因為我們自身也有一大堆的毛病，哪有資格和時間去管別人。「雖以賢女之行，聰哲之性，其能備乎」，你就一味地謙順地去對他們好就行了。「依義以篤好，崇恩以結援」，最後得到的回報就是和睦，你處在這個和的磁場裏，心情當然就會舒暢，家裏也就不會有什麼爭執和吵鬧。

布施方面，我再舉個例子。在婆家我有兩個大姑姐，在娘家我有兩個弟媳婦，也就是弟妹。我弟妹進門的頭幾年，我媽很生氣，因為她自己在廚房忙做飯，她的兒媳婦不會進去幫忙，那我媽就會把我跟她的兒媳婦比，你看我的女兒嫁出去都會給人家做飯，我娶進來的媳婦卻不做飯，媳婦沒找好。因為我是一嫁到婆家就要做飯，尤其是年夜飯從來都是我做。後來我就勸我媽：「我一嫁到婆家就做飯，說明你培養得好；你兒媳婦不幫你做飯，說明她在娘家沒培養好。你就擔負起培養的責任唄，你大度一些，不要跟她計較，她是孩子，你是長輩。再說了，你怨也改變不了現實啊，所以不要再在心裏憋氣了，會生病的。」她那一年真的是因為生氣上火病了大概一個多月，感冒一直不好，一直咳嗽。自從跟著我學習傳統文化之後，我媽漸漸地就不再生氣怨恨了，也不去要求別人了，只要求自己先做好。比如只要是出國旅遊，一定都給帶禮物，做得再不好也一樣送禮物。

我還有一個弟妹，她父親生病，第一次做心臟手術，我媽拿了一些錢表示了一下心意。隔了一段時間又需要第二次心臟手術，我媽就問我：「這一次我還要不要拿錢了？」我說：「媽，要拿。你沒錢，我給你寄一些。」因為我弟妹她娘家比較困難，不是很富裕的家庭。後來她哥哥生了孩子，我媽就問我：「要不要把咱們家孩子穿剩下的衣服送給他，免得他再花錢買。」我說：「要，另外別只送舊的，也買幾件新的。」

另外，我平時給我兒子買吃的都是帶著一大堆，大概我們家族十來個孩子，我都會給買，每個孩子一樣都給一點。比如像中秋節的月餅，我就提前訂了二十盒。人家說你怎麼訂這麼多，我說我爸我媽中秋節之前回丹東，我舅我弟妹家裏都需要送，我媽就是回去負責送月餅的，所以我要訂這麼多。

經過這樣長時間的布施，慢慢我弟妹就有了轉化。怎麼看出來轉化了？這個夏天，我弟妹到我們家來，主動下廚房工作、拖地了。我媽就跟我悄悄說：「靜瑜，你說她怎麼變了呢？」我就說：「媽，因為你變了，我們都變了，她當然也會變了。所以不用去抱怨，抱怨沒有用，你就一味對她好，比她媽對她還好，你看她變不變。」我媽說：「嗯，明白了。」後來我媽每一次從大連回丹東，都會買很多吃的喝的給她的孫子和兒媳婦。然後有一天我媽又跟我說：「靜瑜，這個傳統文化真是挺有魅力的，你說它怎麼就真能夠把這個家庭的關係都給轉化好了？」我說：「其實傳統文化就是講我們心裏本有的東西，本來做人就應該這樣的。我們沒有按照本來的去做，就會苦惱，現在回到本來的那個位置上了，所以就快樂了。」

＊用功過格記錄每一天的功和過

容人之過與不見人過這方面，我再講講自己的體會。我們凡夫，真的說要做到不見人過，很難，我自己的修行方法是，用一個excel表格的功過格記錄下自己每一天的功和過。比如今天我做了哪些功課和功德了，一樣樣寫下來，然後今天我衝誰發脾氣了、看誰的過失起了嗔恨心了、對什麼事和什麼人又起傲慢心了，種種的過錯也一樣樣寫下來。只要今天出現了一個過錯，那前面做的那些功課和功德都給它刪掉，都算白做了。一開始，我那個excel表格上總是過比功多，那陣子我就很著急，我怎麼能犯這麼多過錯呢，我一定要改！怎麼改呢？先從看人不順眼改起，看誰不順眼，我就努力找他的好處。比如我原先看單位的一個員工不順眼，總覺得這個員工怎麼看都別扭，後來我就找他的好處，一樣一樣地找，找出來大概十多條之後，我就想，這個人這麼多條好處好像都是我沒有的，足可以做我的老師了，我還在那兒挑老師的毛病，三人行必有我師，這位老師我沒尊重，孝親尊師我沒有做到，應該懺悔，然後自己就在後面寫心得。有時候excel表格不夠寫，就在word文檔裏再寫，就這一天再寫一個具體的懺悔心得，什麼問題什麼原因，自己又起了什麼不好的惡念，應該怎麼轉念，怎麼把煩惱轉成菩提。如果當天沒轉過來，第二天第三天接著轉，行有不得反求諸己，直到徹底地把惡念轉為善念為止。徹底轉念之後，那時候是一種什麼感覺呢？你會覺得特別歡喜，對看不順眼的人你不再討厭了，你會覺得原來他是這麼好的老師，是來成就我的嘛，應該感恩他才對。

這個表格很管用，這樣記了半年多後，我感覺自己那種見人過失的惡念就越來越少了，現在基本上我能控制住自己的念頭了，念頭能控制住了，當然在行為上也就不會有大的偏差了。比如，有時候我大姑姐剛一提她媽怎麼怎麼樣，我就會立即制止她說：「媽挺好的，媽這位老太太就是大菩薩，她是來成就我們的。」我這麼一說，我大姑姐這個話頭就打住了。又比如，有時候我媽也會提我婆婆不好，覺得這位老太太怎麼怎麼樣，我就說：「媽，打住！別忘了你自己也是婆婆，你誇別人家的婆婆，你這位婆婆就會被別人誇，你要多誇我婆婆，你媳婦就會誇你。」我媽是一個很單純的人，就說：「對，明白了，這個容易，那就誇她唄。你婆婆好，這老太太這麼大歲數了，不容易，很明理。」就這樣被我制止了幾次後，我媽後來就再也沒提過我婆婆怎麼不好的話題了。

又比如，我以前去美容院時，別人只要一提婆婆不好，我就會接上去，我婆婆也不好，這樣那樣的惡，然後越說越氣憤，最後這個臉是美容了，心裏卻難受了。那現在有時候我去美容院，別人一提起婆婆怎麼怎麼不好，我馬上就會給她打住說：「婆婆也是媽，咱們女人到這個世界上就是給你配好了兩個媽兩個爸，兩個爸媽你都給弄平等了，就好了。」反正每次我這麼說完，人家就沒有下句了，話不投機半句多，她就不再說什麼了。所以說，要制止住惡的念頭與惡的話題，我們自己首先要有一種定力，要有跟自己的煩惱習氣對抗的堅定決心，要有包容之心去容人之過，對別人一定要隱惡揚善，對自己要隱善揚惡，千萬不要隨波逐流地到處去宣說別人的過失，那是很愚蠢的行為。因為我們自己也不是完人，也有很多問題，有生之年有限的時間，我們能把自己弄明白就不錯了，哪還有時間去管別人。正如班昭在《叔妹篇》裏所說的：「自非聖人，鮮能無過！故顏子貴於能改，仲尼嘉其不貳，而況婦人者也！雖以賢女之行，聰哲之性，其能備乎！」但是，很多女人都喜歡說人是非、自曝家醜，沒事就聚在一起東家長西家短的，我婆婆怎麼樣，你家大姑子怎麼樣，她家小姑子怎麼樣，說好的不多，洩憤的、抱怨的比較多。很多人都以為發洩一下無所謂，但是相由心生，總說這樣的惡的話題，磁場好不好？我們看現代很多女性的面相，臉越來越尖，眼角越來越往下，嘴角也越來越往下撇，一臉尖酸刻薄的怨婦相，好像都不是慈眉善目、和氣大度的樣子，這又何必呢？

✻找出惡習，對症下藥

我自己以前雖然沒有怨婦相，但是我很嚴肅，不愛笑，別人看到不能生歡喜心，所以身邊也沒什麼朋友，很孤家寡人。二〇〇六年我開始做服務行業，我自己不愛笑，身邊人也沒有一個愛笑的，我們公司的那些小服務員一個個也都是面無表情的，特別嚴肅，然後顧客都來反映說：「你們公司售貨員怎麼都這麼嚴肅？」後來我就買了一個小鏡子，讓他們練習微笑，從我自己開始練起，所以那陣子就開始微笑了，很職業的那種微笑，也沒有多少真誠心，估計也打動不了人。真正能打動人的好的微笑，來源於內心的歡喜與熱忱，是從自性裏流露出來的歡笑。我們的自性擁有無量的寶藏、無量的德能、無量的相好，我們之所以要學習女德，是因為它跟我們的自性相輔，你越學就會越貼近自性，那你的歡喜心與自在相，就會不由自主地流露出來了。所以我後期講女德，我也不明白我為什麼那麼願意笑，就是講得挺高興的，可能講得也不好，但是我覺得特別開心，底下的聽眾聽著也都說很有收穫。有個小女孩十三歲，跟她媽媽一起去聽，因為年齡小聽著也不太懂，但是她就跟她媽媽說，她特別喜歡聽靜瑜老師講課，主要是喜歡聽她的聲音和看她的笑容。

修學女德之前，曾經有一個善知識說我很傲慢，當時我還有點驚訝，後來我就回去仔細反省。作為凡夫，每個人身上都難免會有貪、嗔、癡、慢、妒的惡習，而且總是會有其中一種習氣特別重，不信你自己去仔細品品：你說你從來不發火，但是你想想你貪心重不重？你說你不貪也不發火，那你想想你傲慢心重不重？肯定總是有一樣習氣是特別重的，你就得把這個最重的拿出來，對症下藥。怎麼下藥呢？我就去請教另外一個善知識，我就問他：「我這人為什麼會傲慢？」他回答說：「因為學問淺薄，學問深時意氣平。」人家說得很明白，因為學問很淺薄，像井底之蛙一樣，所以會自以為自己的學識挺深挺高。的確是這樣子，當初我研究生畢業之後，本來可以讀博士的，但是我沒有讀，當時我就以為我學的夠多的了，我又那麼能看書，知識已經很豐富了，不必再讀什麼博士了。

既然知道了自己很傲慢，那後來我怎麼對治自己的傲慢心呢？常看常聽那些榜樣級的善知識的光碟，看看人家的那個境界、那個知識層面、那個所作所為，要比自己高很多，於是傲慢心一點點地就下來了。舉個例子，比如說布施，經常會有一些這樣或那樣的機會找到我，讓我拿錢搞這個或那個活動，每次我都會告誡自己：這個錢不是我的，是大眾的錢因緣和合之下匯集到我這兒了，我拿著這些錢，如果用在自己身上去享受全是造業，如果用在做善事上就能夠累積功德，我現在拿錢辦活動，就是在替這些錢原先的那些主人累積功德，這些錢跟我自己並沒有什麼關係……每次我都用這個想法給自己濾一遍，濾多了後就真的會覺得，的確這些錢跟我沒什麼關係，我就是在幫著大眾代為轉用一下。錢財乃身外之物，生帶不來，死帶不走，我生的時候也沒有帶錢來，死的時候我也帶不走，所以真的沒有必要認為這個錢跟自己有什麼關係，心裏一旦有這樣的想法後，就不會因為經常布施而起傲慢心了。

又比如說放生，這個我做得比較多，因為以前殺業重，海鮮吃得太多，大連是海邊城市，所以我就經常放生。放多了，善事做久了，就容易起傲慢心。後來為了對治這個傲慢心，每次放生時，我就總提醒自己：不要說我這一生所殺所食的那些生命有多少了，就我這一生平時走路一抬足所踩死過的那些蟲蟻類的小生命就不知道有多少了，那我現在做的這個放生的事情，還債都還來不及呢，哪還有什麼功德，哪還有什麼值得自傲的呢。

再比如說上台講課，現在每次有上台講課的機緣，我都會反覆提醒自己：我不是來講課的，我是來跟大家一起交流學習的，所以沒有任何可以傲慢的地方。總之，透過反覆不斷地練習與告誡提醒自己，一點點地將傲慢心去除掉。否則，做了點善事後念念都是驕傲，傲慢心越來越滋長，心裏面雜草叢生，哪還能修得什麼謙順的清淨心。

透過布施和不見人過，可以擴大心量，心量擴大了，對治傲慢就容易多了。「若夫蠢愚之人，於叔則托名以自高，於妹則因寵以驕盈。」《女誡》裏說得很明白，驕傲自滿的人，其實是愚蠢的人，所以說，修學女德最重要就是要學謙順。怎麼學呢？說得白一點，就是不跟一切人、一切事、一切物對立，看什麼都順眼。《了凡四訓》裏有一句話，給我的印象很深刻：「勿以己之長而蓋人，勿以己之善而形人，勿以己之多能而困人，收斂才智若無若虛，見人過失，且涵容而掩覆之。」意思就是，不要仗著自己的長處和才幹去看低或壓制別人，縱有才智也要低調，收斂得就像沒有才智一樣，見別人有過失，一定要包容和掩蓋。說得通俗直白一點，一個女人，進了婆家的門做人家的媳婦了，你就要把自己放到最低的位置，低到像大地一樣，什麼都能承載與包容，你就好像是這個家族的地基，這個家族能不能興旺和長久，就看你這塊地基平穩不平穩了。你做媳婦的，要是心裏總不平，總是看這個不順眼看那個不順眼、整天上火生氣發脾氣，那這個家肯定就會亂。本來你沒過門的時候，人家一家子和和睦睦的還好好的，打從你一過門，這個家就雞犬不寧了，那你想這個家還能不能興旺了。所以說，這一個家族的家運都掌握在你這個做媳婦的手裏了，那你要不要把女德修好？

＊「媳婦」兩個字的涵義

關於「媳婦」這兩個字，我自己是這麼理解的，咱們中國的文字都是象形文字，充滿了無窮的智慧，這個「媳」是女字旁右邊加上一個休息的息，意思就是你嫁人後原先做少女的那種安逸就要停息了，然後你就要做婦了，婦的右邊是掃帚的簡寫，意思就似你為人婦之後就要拿起掃帚默默地工作了。做媳婦，就是要多做事少說話，人家都不做的，你要去做，你就是要去當這個家裏的大地，去厚德載物，去忍辱含垢。因為大地沒有分別心，不會說這塊地不能種這個，那塊地不能種那個，大地是最包容最謙卑的，所以它能承載萬物、長養萬物。反正我自己是二十三歲一進婆家的門，就是接受到了這樣的考驗。結婚第一年的春節，我婆婆就讓我做年夜飯，我一個人要做八菜一湯侍候一大家子，然後這個慣例一直就沿用下來了，直到今天，年夜飯都是我負責。前面我也提到過了，很多人都說我福報大，其實我真的很感恩我的婆婆和我的大姑姐二姑姐她們，是她們讓我有了布施的機會、幫我把這些福報積出來的。比如只要是一聚會，肯定是我做飯做菜，只要是一出去吃飯，肯定是我買單，都是這樣子，大家都習慣了。

＊好媳婦是家裏的財神、喜神和貴神

記得當年我跟我先生還沒結婚的時候，我第一次登我婆婆的家門，我婆婆很嚴肅，也很嚴厲，就一直坐在床上擺撲克，我也不明白她在做什麼，她就在那兒擺，擺完了之後，特別地眉開眼笑。我就問她說：「伯母，你這擺的是什麼啊？」我婆婆說：「這個撲克挺好，我就算算你是什麼人進我們家。」我說：「這個還能算出來？」我婆婆說：「我就怕是掃帚星進門。我算了，第一個翻出來的是財神，你有財；第二個翻出來的是喜神，你能讓我們高興；第三個翻出來的是貴神，估計我兒子將來能升官發財。」我當時心裏想：你這是迷信啊。不過我當時很感激那撲克牌，幸虧翻出來的是這三樣，如果是翻出來的是掃帚星和喪門神，那肯定就糟糕了。正因為翻出來的是財神、喜神和貴神，所以從一開始我婆婆對我的印象就還都不錯，雖然她很嚴厲，但是她一直都很堅定地認為：這個媳婦是貴人，不能換。所以她也多次在我先生跟前強調，說：「你再找七仙女回來，我都不認，就這個靜瑜就可以了。」當然，我自己做媳婦也得做好，如果我自己沒做好，婆婆總是會有各種不高興，到她兒子面前就會有所怨言。

一個女人，怎麼才能成為家裏的財神呢？我的體會是：修學女德，第一先學謙順、不發脾氣！德為財之土，你的德行轉好了，你家的財運自然就開始轉了。這是真的，不是迷信，我先生就深有感觸地跟我說過：「只要你心平氣和的，不跟我生氣吵架，我這出去談什麼都特別順，談一筆成一筆；你要在家裏大動肝火，跟我說話亂發脾氣，我這出去，談一筆砸一筆，我乾脆就不談了，我就去休息了。」真的就是這樣子的，要不前面我怎麼說女人是家裏的定海神針呢，你要是被孫悟空把這定海神針拿走了，你就完了。孫悟空是什麼？大家都知道，豬八戒代表貪，沙和尚代表癡，孫悟空代表嗔——愛發脾氣。你一發火，完了，定海神針就沒了，大海就開始海嘯了。俗話說家和萬事興，家要不和萬事皆不興，所以說，一個女人你要想有財，一定要有謙卑溫順的好德行，不要動不動就生氣罵人發脾氣，一定要溫柔、要多笑，要能給家裏人帶來歡喜，只有這樣，你才會有福氣，才能成為家裏的財神和喜神。我以前沒有修學女德之前，脾氣也不是很好，結婚以後因為先生比較寵愛縱容，有的時候就會發一點小脾氣，而我先生卻從來不發火，所以有一次我就替他總結：「你的生意為什麼能做這麼大，就是一個忍字和一個謙字。」因為忍辱多福、唯謙受福，這都是古訓了。

除了要做家裏的財神和喜神，我們女人還要做家裏的貴神。怎麼能夠貴呢？不是說你要有多高的地位，比如說你是官太太什麼的，不是的，能夠被別人發自內心地尊重和敬愛，這才是貴。如果一個女人她是一個官太太，她的先生並不是一個廉潔的清官而是一個貪官，那背地裏罵他們、詛咒他們的人不知道有多少了，等東窗事發後對他們嘲笑和落井下石的人更不知道又有多少了，何貴可言呢？所以說，富貴的正確解釋應該是這樣的：富，知足你就富。你不知足，家有千貫你還是覺得不富。比如你有一億，但你不知足，跟一百億的去比，那你就會覺得自己很窮。所以說，知足常樂，這就是富。貴，你的德行好，被別人發自內心地尊重和敬愛，這就是貴。那怎麼樣才能被別人發自內心地尊重和敬愛呢？謙順！

所以《女誡》最後一段，智者班昭把最重要的話畫龍點睛地告訴我們：「然則求叔妹之心，固莫尚於謙順矣。謙則德之柄，順則婦之行。凡斯二者，足以和矣。」班昭說得很明白，「謙則德之柄，順則婦之行」，就是說，謙卑是一個女人性德的根本，柔順是一個女人行為的準則，做到了，你自然就會受用一生，做不到，你可能最後會很慘——「姑忿而夫慍，毀訾布於中外，恥辱集於厥身，進增父母之羞，退益君子之累」——你最後可能就會進退兩難，甚至無立身之地。

現代社會很多獨生子女，可能配偶的家庭不會有弟弟妹妹，但親戚朋友肯定是有的。面對丈夫的親戚朋友時，做妻子的也一定要謙順，不要單純以自己為重、以我為中心，要將心量一層層擴大，心量不斷拓寬了後，能夠容納的事就多了，福報才能上升，家業的根基才能夠穩固。

到此，《女誡》的七篇，都講完了。

我在講女德，有很多女性朋友都很支持，然後她們的先生更支持。有的先生見到我，會說：「我太太的眼光自從上了你的課之後柔和多了，原先特別銳利，這是一個變化。第二個變化是笑容多了，原先表情很嚴肅，講話也硬邦邦的，現在說話感覺柔和多了，也會微笑了。」我聽了之後，覺得特別欣慰。記得有一次，我在講女德的時候，有一位女性聽眾當時對我說過這樣一句話：「靜瑜老師，我非常支持你講女德。如果你講課只剩下最後一個人在聽，這個人肯定就是我。因為我堅信，女德可以救民、救世、救國，我要陪你一直走下去。」

這句話，一直都讓我特別感動。衷心地希望，能有更多的女性朋友、更多的姐妹加入到修學女德、弘揚女德的隊伍中來。雖然現在世風日下，雖然我們的能力有限，但是我相信，只要我們有一個人在學女德、講女德，就像在黑暗的夜裏點燃了一盞小小的蠟燭。如果你覺得這個蠟燭的火光很好看，你可以過來在它身上借著它的火光也點燃一支。只要我這個蠟燭不熄滅，你點過去的蠟燭也都不熄滅，那不就是越來越能照亮黑暗了嗎？

最後，我願意把我講課的所有功德回向給法界一切眾生，迴向給所有苦難的女性，迴向給所有被墮胎的嬰靈，迴向給一切的有緣眾生。在此特別感恩這幾天各位大德老師在這裏一起護持成就女德的課程，無比地感恩大家，也把功德迴向給在座的各位老師，阿彌陀佛！

附錄

《女誡》原文

〔東漢〕班昭

編者按：班昭（約公元四十五年—約一一七年），一名姬，字惠班。扶風（今屬陝西咸陽）班彪之女，班固與班超之妹，曹世叔之妻。班昭是東漢文學家，著有賦、頌等十六篇，也是中國首位女歷史學家。因博才高學、品德俱優，她常被漢和帝與鄧太后召入宮中教誦經史，並賜號大家，皇后及諸貴人都以她為師。鄧太后執政期間，班昭參與機要，忠心輔佐。一一七年，年逾古稀而逝，鄧太后為她素服舉哀。

世叔早逝，班昭守志，教子曹穀成人。次兄班超久鎮西域未蒙召還，班昭伏闕上書，乞賜兄歸老。長兄班固編纂《漢書》未竟而卒，班昭承兄遺志，獨立完成了第七表《百官公卿表》與第六志《天文志》，《漢書》遂成。

班昭晚年所著《女誡》七篇，名為寫給女兒的家訓，實為教導世間女子如何立身處世的品德規範，時人爭相傳抄而風行於世，後列為《女四書》之首。至民國初年，《女誡》一直是中國歷代女子教育的啟蒙讀物，功炳千秋，班昭亦被譽為「女人當中的孔夫子」。

【原序】

鄙人愚暗，受性不敏，蒙先君之餘寵，賴母師之典訓。年十有四，執箕帚於曹氏，於今四十餘載矣。戰戰兢兢，常懼黜辱，以增父母之羞，以益中外之累。夙夜劬心，勤不告勞，而今而後，乃至免耳。吾性疏頑，教導無素，恒恐子穀負辱清朝。聖恩橫加，猥賜金紫，實非鄙人庶幾所望也。男能自謀矣，吾不復以為憂也。但傷諸女方當適人，而不漸訓誨，不聞婦禮，懼失容它門，取恥宗族。吾今疾在沉滯，性命無常，念汝曹如此，每用惆悵。間作《女誡》七章，願諸女各寫一通，庶有補益，裨助汝身。去矣，其勖勉之！

【卑弱第一】

古者生女三日，臥之床下，弄之瓦磚，而齋告焉。臥之床下，明其卑弱，主下人也。弄之瓦磚，明其習勞，主執勤也。齋告先君，明當主繼祭祀也。三者蓋女人之常道，禮法之典教矣。謙讓恭敬，先人後己，有善莫名，有惡莫辭，忍辱含垢，常若畏懼，是謂卑弱下人也。晚寢早作，勿憚夙夜，執務私事，不辭劇易，所作必成，手跡整理，是謂執勤也。正色端操，以事夫主，清靜自守，無好戲笑，潔齊酒食，以供祖宗，是謂繼祭祀也。三者苟備，而患名稱之不聞，黜辱之在身，未之見也。三者苟失之，何名稱之可聞，黜辱之可免哉！

【夫婦第二】

夫婦之道，參配陰陽，通達神明，信天地之弘義，人倫之大節也。是以《禮》貴男女之際，《詩》著《關雎》之義。由斯言之，不可不重也。夫不賢，則無以馭婦；婦不賢，則無以事夫。夫不馭婦，則威儀廢缺；婦不事夫，則義理墮闕。方斯二事，其用一也。察今之君子，徒知妻婦之不可不馭，威儀之不可不整，故訓其男，檢以書傳，殊不知夫主之不可不事，禮義之不可不存也。但教男而不教女，不亦蔽於彼此之數乎！《禮》，八歲始教之書，十五而至於學矣。獨不可以此為則哉！

【敬順第三】

陰陽殊性，男女異行。陽以剛為德，陰以柔為用；男以強為貴，女以弱為美。故鄙諺有云：「生男如狼，猶恐其尪；生女如鼠，猶恐其虎。」然則修身莫若敬，避強莫若順。故曰敬順之道，為婦之大禮也。夫敬非它，持久之謂也；夫順非它，寬裕之謂也。持久者，知止足也；寬裕者，尚恭下也。夫婦之好，終身不離。房室周旋，遂生媟黷。媟黷既生，語言過矣。語言既過，縱恣必作。縱恣既作，則侮夫之心生矣。此由於不知止足者也。夫事有曲直，言有是非。直者不能不爭，曲者不能不訟。訟爭既施，則有忿怒之事矣。此由於不尚恭下者也。侮夫不節，譴呵從之；忿怒不止，楚撻從之。夫為夫婦者，義以和親，恩以好合，楚撻既行，何義之存？譴呵既宣，何恩之有？恩義俱廢，夫婦離矣。

【婦行第四】

女有四行，一曰婦德，二曰婦言，三曰婦容，四曰婦功。夫雲婦德，不必才明絕異也；婦言，不必辯口利辭也；婦容，不必顏色美麗也；婦功，不必工巧過人也。清閒貞靜，守節整齊，行己有恥，動靜有法，是謂婦德。擇辭而說，不道惡語，時然後言，不厭於人，是謂婦言。盥浣塵穢，服飾鮮潔，沐浴以時，身不垢辱，是謂婦容。專心紡績，不好戲笑，潔齊酒食，以奉賓客，是謂婦功。此四者，女人之大節，而不可乏之者也。然為之甚易，唯在存心耳。古人有言：「仁遠乎哉？我欲仁，而仁斯至矣。」此之謂也。

【專心第五】

《禮》，夫有再娶之義，婦無二適之文，故曰夫者天也。天固不可逃，夫固不可離也。行違神祇，天則罰之；禮義有愆，夫則薄之。故《女憲》曰：「得意一人，是謂永畢；失意一人，是謂永訖。」由斯言之，夫不可不求其心。然所求者，亦非謂佞媚苟親也，固莫若專心正色。禮義居潔，耳無塗聽，目無邪視，出無冶容，入無廢飾，無聚會群輩，無看視門戶，此則謂專心正色矣。若夫動靜輕脫，視聽陜輸，入則亂發壞形，出則窈窕作態，說所不當道，觀所不當視，此謂不能專心正色矣。

【曲從第六】

夫「得意一人，是謂永畢；失意一人，是謂永訖」，欲人定志專心之言也。舅姑之心，豈當可失哉？物有以恩自離者，亦有以義自破者也。夫雖云愛，舅姑云非，此所謂以義自破者也。然則舅姑之心奈何？固莫尚於曲從矣。姑云不，爾而是，固宜從令；姑云是，爾而非，猶宜順命。勿得違戾是非，爭分曲直。此則所謂曲從矣。故《女憲》曰：「婦如影響，焉不可賞！」

【叔妹第七】

婦人之得意於夫主，由舅姑之愛已也；舅姑之愛已，由叔妹之譽已也。由此言之，我之臧否譽毀，一由叔妹，叔妹之心，復不可失也。皆莫知叔妹之不可失，而不能和之以求親，其蔽也哉！自非聖人，鮮能無過。故顏子貴於能改，仲尼嘉其不貳，而況婦人者也！雖以賢女之行，聰哲之性，其能備乎！是故室人和則謗掩，外內離則惡揚。此必然之勢也。《易》曰：「二人同心，其利斷金。同心之言，其臭如蘭。」此之謂也。夫叔妹者，體敵而分尊，恩疏而義親。若淑媛謙順之人，則能依義以篤好，崇恩以結援，使徽美顯彰，而瑕過隱塞，舅姑矜善，而夫主嘉美，聲譽曜於邑鄰，休光延於父母。若夫蠢愚之人，於叔則托名以自高，於妹則因寵以驕盈。驕盈既施，何和之有？恩義既乖，何譽之臻？是以美隱而過宣，姑忿而夫慍，毀訾布於中外，恥辱集於厥身；進增父母之羞，退益君子之累。斯乃榮辱之本，而顯否之基也。

可不慎哉！然則求叔妹之心，固莫尚於謙順矣。謙則德之柄，順則婦之行。凡斯二者，足以和矣。《詩》云：「在彼無惡，在此無射。」其斯之謂也。

得意一人，是謂永畢；失意一人，是謂永訖

國家圖書館出版品預行編目資料

女人的福是修來的／陳靜瑜作. －－初版. －－
新北市：華志文化, 2016.03
面；　公分. －－（中華文化大講堂；06）
ISBN　978-986-5636-46-3（平裝）

1. 修身 2. 女性

192.15　　　　105000945

華志文化事業有限公司
系列／中華文化大講堂D106
書名／女人的福是修來的

作者　陳靜瑜（口述）
編著者　陳芙蓉
美術編輯　簡郁庭
封面設計　黃雲華
文字校對　陳麗鳳
企劃執行　康敏才
總編輯　黃志中
社長　楊凱翔
出版者　華志文化事業有限公司
電子信箱　huachihbook@yahoo.com.tw
地址　116 台北市文山區興隆路四段九十六巷三弄六四樓
電話　02-22341779
印製排版　辰皓國際出版製作有限公司

總經銷商　旭昇圖書有限公司
地址　235 新北市中和區中山路二段三五二號二樓
電話　02-22451480
傳真　02-22451479
郵政劃撥　戶名：旭昇圖書有限公司（帳號：12935041）

出版日期　西元二〇一六年三月初版第一刷
售價　二二〇元

華志文化

華志文化